幸せに生きる
魔法の浄化法888
Michiko

アマゾナイト

赤珊瑚

ムーンストーン

Ai♥you stone shop

## 第0、1チャクラ(黒、赤)

トルマリン
マイナスイオンや電気を発生
疲労やストレスに良いと言われる

ガーネット
地道な努力を実らせ成功へ導く
信頼と愛　血液浄化に効果的と言われる

タイガーアイ
財運　仕事運　本質を見抜く
虎の眼のごとく「すべてを見通す眼」
仏像の目に使われることがある

スモーキークオーツ
地に足を着ける　人間関係を良くする
不安や焦りから解放する　仕事運

オニキス
邪気払い　迷いをなくす忍耐力
強い魔除　誰にもそまらない

T32テラヘルツ
血流アップ　神経のイライラをとる　不思議な周波数
赤血球の働きを活性化、勝負強さ

カーネリアン
ナポレオンの愛した石ポジティブストーン
成功　達成　必ずやりとげる

## 第2チャクラ(オレンジ)

ルビー
勝利の石　情熱生命力
カリスマ性を高める

ムーンストーン
恋人の石　夫婦愛　感受性　情緒バランスを整える

サンストーン
自信を取り戻す
心の余裕　人生を楽しむ　明るい人生　太陽の石

## 第3チャクラ(黄色)

シトリン
太陽のエネルギー　希望　勇気
商売運　財運アップ　幸せ　元気

ルチルクオーツ
財運　仕事運　集中力
精神力の強化　電磁波をとる

マラカイト
下半身と上半身のバランスを整える　健康の石
癒し　心身の癒し　毒出し

## 第4チャクラ(緑、ピンク)

ローズクオーツ
女性らしさ　幸せ　恋愛成就
優しさ　思いやり　心身を癒す

ロードクロサイト(インカローズ)
人生薔薇色　心の傷やトラウマを癒す
勇気　老化防止やうつ病にも効果的

アベンチュリン
森林浴のような癒し　脳にも良い石
エネルギーの掃除　健康維持促進

マザーオブパール
子宝　繁栄は優しさ　母性愛　精神安定　幸せ

## 第5チャクラ(水色)

アクアマリン
天使の石　良質なコミュニケーションのサポート
水にかかわる石　喉をまもる

ターコイズ
邪悪なエネルギーや災いから身を守る
地　海　空　旅のお守り

ラリマー
愛と平和の石　調和と強調性 心身のリラックス
世界平和　世界三大ストーンの1つ

クリソコラ
ストレスの吸収　情緒の安定　不眠症の改善
健康の石

アマゾナイト
希望の石　うつの初期症状に良い
心身に平穏をもたらす　命を守られた経験がある石

## 第6チャクラ(ロイヤルブルー)

**ラピスラズリ**
「第3の目」を刺激し直観と想像力を高める
旅のお守り　願いを1つ叶える石
試練の後の幸福

**カイヤナイト**
人生を変えるお守り石
依存心や甘えをなくし独立心や探求心を強める

## 第7チャクラ(紫、透明、白)

**アメジスト**
愛の守護石　癒しと安らぎ、家庭円満　お酒酔い
不眠症に抜群　皮膚病にも

**クンツァイト**
無条件の愛　深い安らぎ　芯の強さ　慈愛の精神
自分を愛する

**水晶**
魔除　パワーストーンを組む時に必ず使う
生命力　浄化　ヒーリング

## 第8チャクラ(白)

**レインボークォーツ**
すべてクリア　最大浄化

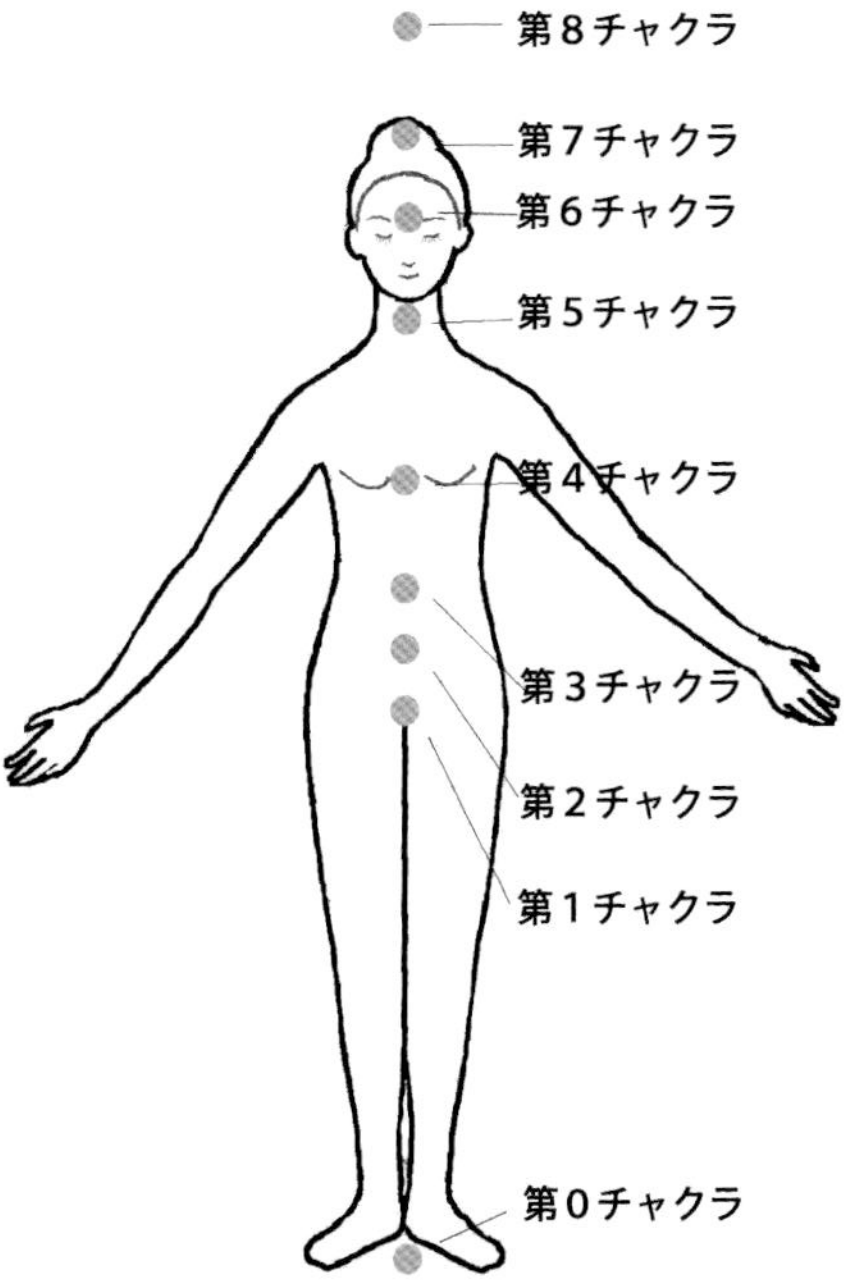

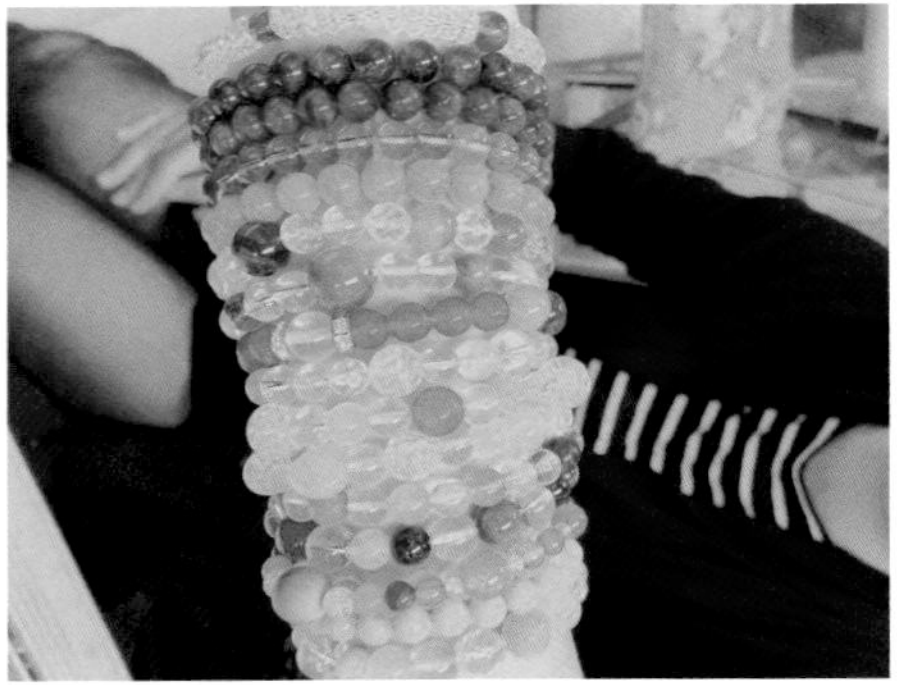

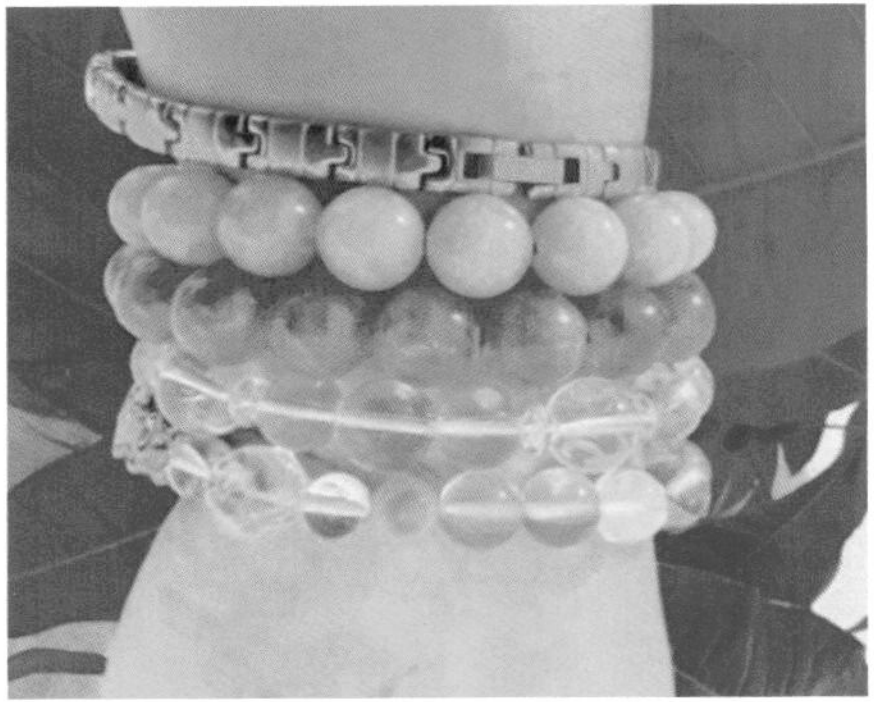

大切なオーダーブレスレット

龍のような雲

ミリオンシンガー
501 点神声認定 B'z
ラザー中村もとやさ
をゲストにお招きし
一緒に皆様と撮影

各種イベント

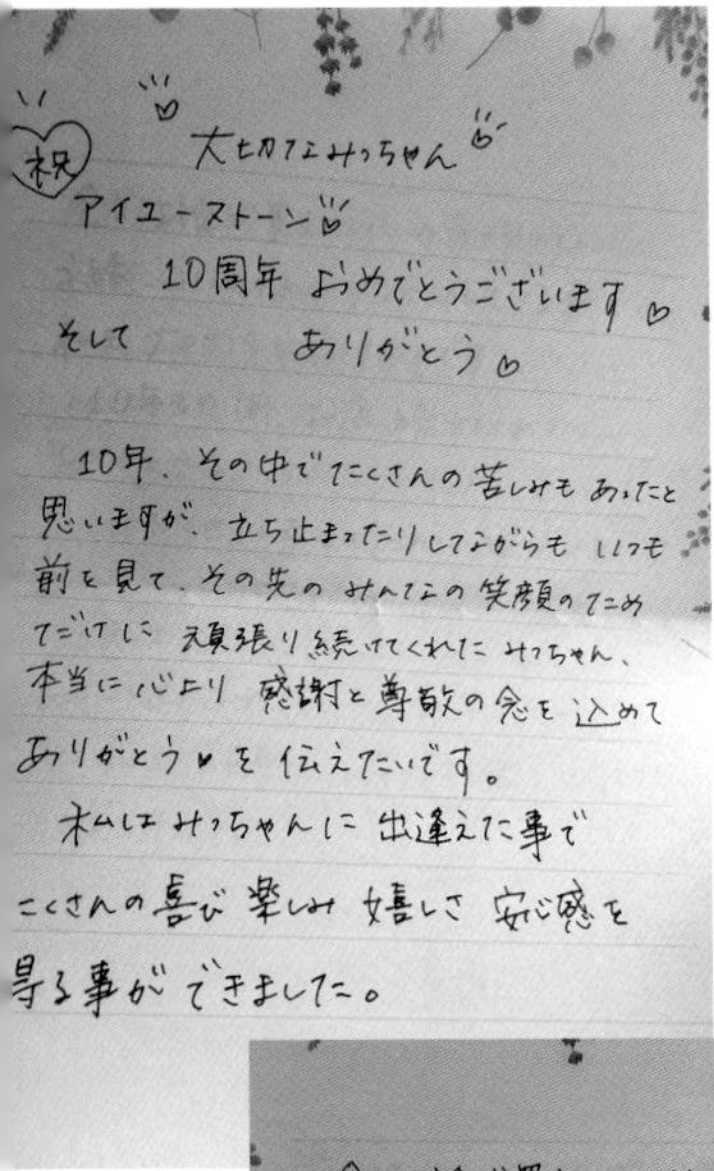

(祝) 大切なみっちゃん
アイユーストーン
10周年 おめでとうございます
そして ありがとう

10年、その中でたくさんの苦しみもあったと思いますが、立ち止まったりしてながらも いつも前を見て、その先のみんなの笑顔のためだけに 頑張り続けてくれたみっちゃん、本当に心より 感謝と尊敬の念を込めて ありがとうを 伝えたいです。

私はみっちゃんに出逢えた事で たくさんの喜び 楽しみ 嬉しさ 安心感を 得る事ができました。

龍のような雲に虹がかかる

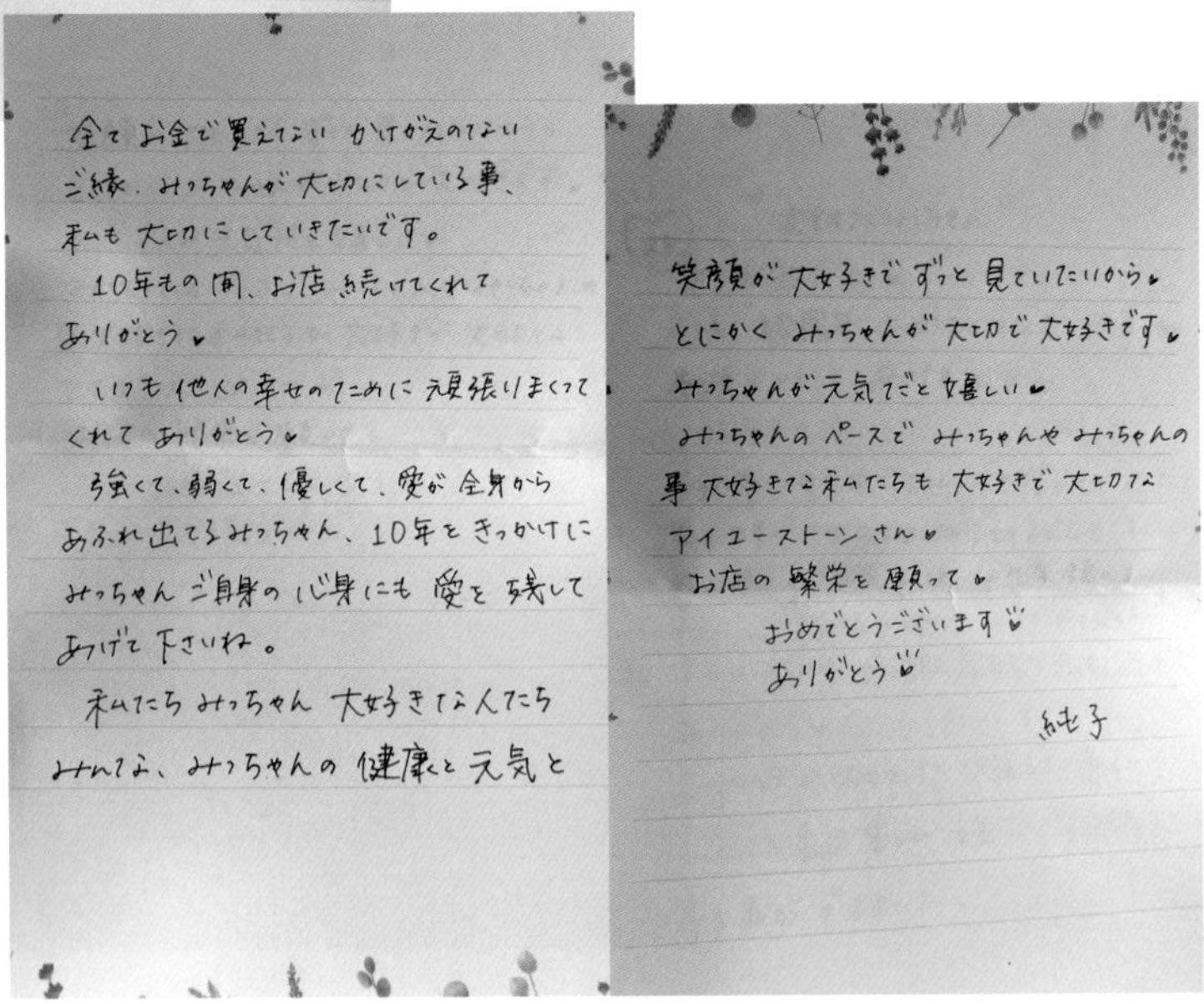

全てお金で買えない かけがえのないご縁、みっちゃんが大切にしている事、私も大切にしていきたいです。
10年もの間、お店続けてくれて ありがとう
いつも他人の幸せのために頑張りまくってくれて ありがとう
強くて、弱くて、優しくて、愛が全身からあふれ出てるみっちゃん、10年をきっかけに みっちゃんご自身の心身にも 愛を残してあげて下さいね。
私たち みっちゃん 大好きな人たち みんな、みっちゃんの 健康と元気と

笑顔が大好きで ずっと見ていたいから
とにかく みっちゃんが大切で大好きです
みっちゃんが元気だと嬉しい
みっちゃんのペースで みっちゃんや みっちゃんの事大好きな私たちも 大好きで大切な アイユーストーンさん
お店の繁栄を願って
おめでとうございます
ありがとう
純子

うれしいお手紙幸せなお手紙ありがとう

# もくじ

はじめに　16

PART1　運命の石と出会うには

■ストーンの価値　22
■パワーストーンとは　23
■石を信じること　24
■石は昔からそばにある　25

PART2　浄化法

■時間をかけずにできる8秒浄化法　28
■波動が浄化に　30
■凍らせて浄化　31
■さざれ石による浄化　33

■セージの葉による浄化 33
■T32テラヘルツ石による浄化 33
■目に見える所に浄化グッズを置く浄化 34
■太陽による浄化 35
■流水による浄化 35
■月の光の浄化 36
■音による浄化 37
■海の浄化 37
■塩による浄化 38
■お風呂の浄化 39
■大地に触れる浄化 40
■神社参拝による浄化 40
■色の浄化 43
■チャクラは生命エネルギーの入り口 48
■パワーストーンで8つのチャクラを浄化 48
■0から8のチャクラを浄化するその他の方法 49

## PART3　天然石よる浄化法


■天然石で浄化　52
■水晶による浄化法　53
☆コラム…猫の足が水晶で回復　56
■アメシストによる浄化　57
■アマゾナイトの浄化　60
■癒し力の強いパワーストーン8選　61
☆コラム…宝石とパワーストーン　64
■浄化力の強いおすすめの石　65
☆コラム…奇跡を起こすのはあなた自身です！　68
■石の選び方　69
■噂話には加わらないようにしましょう　70
■石は地球にある最大のエネルギー　70
☆コラム…石が健康を運んでくれる不思議なお話　72
■シラーカラーの不思議　74
■意外と知られていない色の魔除け　75
■霊を寄せつけない香り　76
■8つのことをするだけで一日が変化する　77
☆コラム…石を見つめるとマイナス感情が減る？　79

## PART4 魔法の浄化法888


■8をよく見ると　82
■数字の意味　83
■今の幸せを受けとる　86
■心も幸せになる8つのポイント　89
■「私は健康です」8回声に出す　92
■今日からやめること8つ　93
■心が浄化される8つの思い　94
■人生で最も幸せな瞬間を8回思い出す　95
■ピンチがきた時に行動する8つのこと　96
■悪い気をもらわない8つの方法　97
■それでもまだ心がしんどい時に行う8つの浄化法　98
■思い通りに行かない時の浄化法　100
■金運を上げる浄化法　101
■マイナスエネルギーがなくなる浄化法　105
☆コラム…苦手な人との出逢いは自分を変えるチャンス　107
■自分の体を守る8つの方法　108
■心の浄化が必要な状態　109

■誰に対しても人助け 110
■波動が活性化し幸せになる8つの感謝 111
■邪気がすこしずつたまってきている合図8つ 113
■邪気を浄化する8つの方法 114
■幸せになる8つの波長 115

## PART5 暮らしに活かして運気をアップする

■窓のない空間の浄化 119
■怖い夢を見る時の浄化法 119
■使わなくなった石を土にうめる浄化法 120
■クリア浄化とパワーアップ浄化 121
■人を幸せにする言葉の浄化 123
☆コラム…私のとびっきり浄化法 125
■自分だけの時間を作る浄化法 126
■体を温めて浄化 128
■体を温める食べもの 131
■自分の体の声を聴く浄化法 132
☆コラム…手の平を8回押す 136

■自然の中での浄化　138
☆コラム…ネガティブは邪気？　139
■浄化部屋をつくるおすすめの方法　141
■お金の浄化　142
■浄化オーラ法　145
☆コラム…邪気がとりつきやすい人は反対のことを考える　147
■天使をみる方法・心の浄化　149
☆コラム…天使とは？　152
■8の意味　153
■浄化カラー8色　154
■毒素のたまった場合の浄化法　155
■ミラクルデトックス法　158
■8カ所の水拭き　159
■体を元気にするおすすめ8つ　160
■冷蔵庫の浄化法　162
■笑顔浄化法　163
■運がいい人　164
■悪口の浄化法　166

■人生が好転するつながり8選 167
■たった8回となえるだけで臨時収入がある言葉 168
■人生が豊かになるポイント8つ 169
■成功する人のポイント8つ 170
■石のパワーを実感…体験談1 172
■幸せを運ぶ猫ちゃん…体験談2 176

おわりに 180

# はじめに

はじめまして。幸せを呼ぶパワーストーンカウンセラーの美智子です。

この本を手に取ってくださり、ありがとうございます。本書は「浄化」がテーマになっています。読者のみなさんの心身が、少しの時間で浄化できると嬉しいです。

私が天然石と出合ったのは、看護師をしていたころでした。病気と闘い毎日を不安の中で過ごされる患者さんにすこしでも元気になってほしい思いで看護をしていましたが、自分自身も病気がちでした。頸椎を痛めた時はふらふらで歩けなくなってしまい、このままちゃんと仕事ができるか不安でした。

そんなある日、看護師の友人が「これパワーストーンのブレスレットだよ。身につけていると元気になるよ」と言って、夜勤を終えた交替の時にナースステーションで手渡してくれました。パワーストーンをつけていると不思議と元気がでてくるので、すごくうれしくなりました。

そして、太陽の光にかざすとキラキラしていて石を見ているだけでスーッとすいこまれる感じがして心が落ち着きます。怖がりの私は夜勤をしている時いつも身につけていました。そのころから、石が大好きになり石の名前、性質を知りたくなり、たくさん勉強をして魅力的な石を見つけるのが楽しくてしかたありませんでした。

10年前に出合ったテラヘルツT32テラヘルツストーン。この石が運命を変えてくれました。石を持っているとジワーッと温かくなり温泉に入っているみたいでした。

石は昔から身近にあり必要な存在ですね。T32テラヘルツを身につけて体が軽くなったような気がして石への興味が益々大きくなっていきました。

エネルギーは目で見ることはできませんが石にはエネルギーがあります。ところが、さまざまなマイナスエネルギーに触れると石本来のパワーが減少してしまいます。しかし、しっかりと浄化をすると石のパワーは強くなり、人間にいい影響を与え続けてくれます。

〝石の浄化をするにはどうしたらいいのだろう？〟と興味が湧いて「浄化の本」を探すのですが、やっと見つけても浄化方法は数ページ載っているだけでした。

それからというもの、私は自分流にありとあらゆる浄化法を思いつき、試してみました。その結果、石がとてもきれいになり、パワーがみなぎる方法を発見したのです。その方法をみなさんに伝えたくて、ついに本を書くまでになりました。

また、運命的に出合えた風水の先生に、自然界にはすべて「気」があると教えてもらいました。気を取り入れて元気になり、気力をつけ気配りしながら生きる。よく気のつく気品のある人になることのできる〝気〟。目には見えないけれど、お持ちのパワーストーンが気で満ちて、ますますパワーアップすれば幸せに満たされます。

タイトルに８８８とあるように、本書には随所に8という数字がでてきます。その意味は本文で紹介していきますのでお楽しみに。

天然石、宝石は何億年という時を過ごして地球でうまれたパワーの源です。

この本を手に入れてくださった皆様はとても気に満ちているパワーの強い方々です。運も手に入れて、皆様の人生がよりよい方向に進むといいなと本気で思います。浄化を取り入れ心身ともに元気になりましょうね！

美智子

# PART1　運命の石と出会うには

## ■ストーンの価値

とある王国の王女様は、身体が悪く、いつも、いろんな病気に悩まされていました。ところが、その王国の兵士はいつも、そんな病気の王女様の姿を見ていて、元気になってほしいと願っていました。そんな時、自分の家の庭で見つけた、とても綺麗な石を王女様にプレゼントしたそうです。

それを見た王女様が、「とても綺麗ね！」と、大変喜んでくれました。王女様はそれから、毎日毎日その石を部屋で見ていて、さわると何となくパワーを感じたり、癒やされたりして、夢中になっていきました。

すると、いままで、貧弱で身体の弱かった王女様が、顔色もよくなりどんどん元気になっていきました。それから王女様は、兵士に世界中の珍しい石を探させました。その珍しい石を見て、さらに元気になっていったというのです。

とても素敵なお話ですね。

王女様が集めた石が、現代のダイヤモンドやエメラルド、オパールという、大変希少価値の高い石になっていったというのです。

その他、日本でも平安時代に悪霊退治に魔除けの石（オニキス、天眼石）などの石が用いられていました。奈良県明日香村にある、国の特別史跡に指定されている石舞台古墳などもそうですが、石にはいろんなパワーが宿っています。

石ははるか何億年も前の地球誕生からあるもので、すごい気のエネルギーをもっているのです。

## ■パワーストーンとは

地球の中の、小さいけれど、とてつもない大きなパワーをもつ鉱物や天然石。

石にはいろんな名前や色、形、意味があります。さわっていると、ポカポカ温かくなる石、スッキリする石、ビリビリと電気が走るような石、いろんな子たちがいます。私にとって石は自分の子供のようですので、〝子〟と呼ぶことにします。

この本を読んでくださっているあなたは、とても〝ご縁のある方〟だと申し上げたいです。

偶然ではなく、この本はあなたとの出会いを待っていたと思います。パワーストーンとの出合いもいっしょ。石たちも生きているからこそ出合えたのだと思います。

「出合ってくれてありがとうございます。」

私たちが何かに向かって、自然に手を合わせるのと同じで、大切なことを思う気持ちや「信じる気持ち」がとても大切だと思います。石にも心があって、個性があって、見ているとスッと引き込まれていくのです。

現時点では、科学的に肯定も否定もできない「信じる世界」ではありますが、信じて良い行動ができて、さらに元気になるなら「信じる」のは素晴らしいことだと思います。

## ■石を信じること

みなさんは、神社に行って手を合わせて神様にお礼を伝えておられますよね。石のパワーを信じるのもそれと同じこと。純粋な信じる気持ちにはパワーが宿ります。

パワーストーンという名前がつけられたのも、石にパワーがあり、愛とやすらぎ、健康をもたらしてくれるからですね。パワーストーンには、あなたがその時々に必要としているパワーがみなぎっていて、あなたの石を大切にする気持ちや、あなたの願いが石と共鳴して、きっとパワーを与えてくれることでしょう。

## ■石は昔からそばにある

地球の誕生は46億年前といわれています。はるか昔で想像だにできないほどの年月ですね。

そんな、はるか昔に宇宙のどこかで巨大な星が大爆発を起こし、その時に宇宙に渦巻いていた物質が地球や太陽、月、さまざまな星の元になったといわれています。惑星が生まれる神秘的な現象の中で、天体の表面に近い地殻にあるのが岩石です。

この石が長い歳月をかけて土になり、雨や風、植物や動物の死骸などがその土の中に混ざって養分が貯えられ、豊かな大地になり、ふたたび動植物が生きていくことのできる自然が生れてきます。動植物の誕生と死が何度となく繰り返される大地の、その土台が岩石です。

そう、石は昔からそばにあり、私たちを支えてくれています。

# PART2　浄化法

## ■時間をかけずにできる8秒浄化法

あなたの持っている大切なパワーストーン、天然石。この子たちをきれいに、時間をかけずに簡単に浄化できる方法を、そして私も何度も試してみてよかったことを、できる限り多く紹介していきますね。

ところで、なぜ石を浄化するのかというと、「はじめに」でも少し触れましたが、人間が石を持っていると、その人の想いが石に伝わるのです。いつも幸せで、人に親切にでき、笑いが絶えない暮らしができればいいのですが、残念ながら、あるいは当然ながら、悲しみや苦しみ、不幸は避けられません。このことを本書では、マイナスエネルギーと表現しますが、それが石に伝わり、本来の石のパワーが失われてしまうのです。

石を浄化することによって、パワーが蘇り、あなたのなくてはならない友や子供になるのです。

これから浄化法を紹介するにあたって、8秒、8個、8回など8の数字が多くでてきます。8の数字には、ハッピー、豊かさ、達成、成功、前へ進む、楽観的、金運、末広がりなどの意味が込められています。８の数字は見ているだけでもハッピーになります。だから、この本を眺めるだけでも幸せになることでしょう。

さて、浄化はすぐできます。わずか８秒です。

浄化は、目をとじて石を打ち深呼吸をして「今日もありがとう」と口に出して言うだけ。息をスーッと吸って吐く、それだけです。

すると、石も生きているみたいに色が変わったり、丸い形だった石がラグビーボールのように変化したり、小さくなったり。また、石の中に入っている金の線が増えたり減ったりすることがあり、とても不思議です。

８秒間声に出して、「ありがとうございます」と話しかけて浄化。深呼吸するだけで浄化できます。

また、それ以外にも我が子に「ありがとう」と話しかけながら愛情をかけて、タオルや布でツルツルになるように磨くと浄化できます。

あるお客様から「お店にくると石がピカピカになって喜んでいるみたいで

す。」との声をいただきました。

お金も同じで、小銭はしっかりとお水で洗い浄化します。ピカピカにしっかり掃除します。掃除は8秒よりも時間はかかりますが、しっかり磨きましょう。

## 波動が浄化に

石の効果について、波動という言葉を聞いたことはありませんか？

「いい波動、悪い波動、高い波動、低い波動」という表現があるように、場所や物に対してもよく使われます。皆様の手のひらからも遠赤外線波動がでています。

手のひらに石やブレスレットをつつんでから、8秒間「ありがとうございます」と声に出してみてください。…ポカポカしてきませんか？

高い波動数の人は明るく元気なイメージで、パワーがもらえるという人です。低い周波数の人は物静かで落ち着いているイメージでリラックスする、ホッとするような人です。波動の高低が人間の性質として現れます。

波動は、言い換えれば振動です。私たちの触感では感じ取れませんし、見えないけれど、細かくふるえているイメージです。「はじめに」で、私の運命が変わったとお伝えしたT32テラの石は、共鳴共振して波動を人体に伝えることで、人体の健康を取り戻してくれたのです。体の浄化につながったと言い換えることができるでしょう。

鉱物は電子配列を持った結晶体であるため、各原子も振動しています。石は動いていないように見えますが、動いているエネルギーの核のようなものです。

## ■凍らせて浄化

さて、これから浄化の方法を紹介していきましょう。

大地から生まれた石はとてもキラキラしている純粋なエネルギーの状態です。ところが、毎日身につけているといろんな場所のエネルギー、マイナスエネルギーをすいこんでしまうといわれています。

そんな時に一番のおすすめは、石を8日間凍らせることです。〝石を凍らせる？　どういうこと〟と思われるかもしれませんが、石を容器に入れて水を入れ冷凍庫で凍らせるのです。（石により冷凍に弱い石もあります）

8日間凍らせた後に、冷凍室から出して溶かし、水を流します。そうすると凍っていた石の中のマイナスエネルギーが溶けた水と一緒にすべて流れ出るイメージです。

ブレスレットも同じようにタッパー容器に水を入れ、水に沈ませます。そして8日間凍らせ、その後は自然解凍してブレスレットを身につけるといいでしょう。

## ・水に弱い天然石と注意点

アズライト・アポフィライト・アメシストフラワー・アンバー・ロードクロサイト・エンジェライト・カルサイト・ギベオン・コーラル・スギライト・セレナイト・パール・ラリマー、などは水に浸けるとパワーが弱くなります。

お風呂に入る時はブレスレットを外すことをおすすめします。金具がついていると変色したりサビたりすることもありますので気をつけてください。

**■さざれ石による浄化**

さざれ石とは、こまかい水晶のかけらのことです。水晶の結晶は六角柱になっていますが、きれいな六角柱の結晶のあつまりであれば、その上にブレスレットを置くと、すっきり浄化できます。波動を整えてきれいに戻すというイメージです。だいたい８分間でＯＫです。

**■セージの葉による浄化**

薬草に使われるハーブの一種で、すごくよい香りでクリアになります。セージの葉を置くだけでも浄化になります。

**■Ｔ32テラヘルツ石による浄化**

Ｔ32テラヘルツとは、目に見えない振動のテラヘルツ量子波エネルギーのことです。そのミクロの量子波で波動を整えます。テラヘルツとは、1テラが1兆という単位なので毎秒1兆回振動する周波数のひとつです。

医療分野で使用される電磁波の中でX線やγ（ガンマ）線は10の16乗から18乗の振動数です。テラヘルツ量子波はミトコンドリアの働きを活性し、体温を上げ、酵素を活性するので代謝が上がるといわれています。ですから、T32テラヘルツを照射したネックレスでたたくと浄化されるのです。疲れがとれたり、悪性の腫瘍が消えたり、不思議なことが多くありました。

本当に簡単ですので、T32テラヘルツを照射した石でぜひ浄化しましょう。

## ■目に見える所に浄化グッズを置く浄化

見るだけで浄化されるとしたらますますHappyですね。

これまで3日坊主の私が成果をあげている浄化法です。8日間続けるとグングン変わります。浄化ができたら、人生が自分の思う方向にすすむようになり、豊かな人生を享受できます。あなただけの浄化空間をつくりましょう。

・浄化グッズの一例…パワーストーンネックレス、水晶、アメシストドームなど

## ■太陽による浄化

明るい太陽の光にはポジティブエネルギーがたくさん含まれています。1時間くらい、お皿に入れたパワーストーンを太陽の光に当てれば、じゅうぶんに浄化されます。

短時間で大丈夫です。一番かんたんな方法です。

アメシスト、アンバー、シトリン、ターコイズ、スギライト、ローズクォーツなど、紫外線に弱い石もあるので気をつけてください。

## ■流水による浄化

自然の清らかな小川や、湧き水で8秒間洗うと石もピカピカになります。石が蓄えたマイナスエネルギーを流すイメージで流水でさっと洗ってください。

身近にそういう場所がない場合は、水道水で流してもかまいません。ボールの容器に水道水を入れ、静かに石を沈めて「ありがとうございます」と心の中で言いながらぜひやってみてください。それだけで浄化できます。

水に弱い石もあるので気をつけてくださいね。アズライト、アポフィライト、アメシストフラワー、アンバー、ロードクロサイト、エンジェライト、カルサイト、ギベオン、コーラル、スギライト、セレナイト、パール、ラリマーなど。

## ■月の光の浄化

月の光による浄化は、新月から満月に向かう間がよいとされています。太陽の浄化と同じで、月の光に石をあてるイメージです。月がきれいに見える夜に月光浴をさせます。リラックスしてゆっくりと、あなたもいっしょに月光を浴びながら1時間くらいかざしてみてください。石はもちろんのこと、あなた自身も浄化できますよ。

## ■音による浄化

クリスタルチューナーや、好きな音楽、美しいベルも浄化音のひとつです。

音叉が発する音色で石を浄化するのもいいでしょう。石だけではなくお部屋の中も波動が共鳴して浄化されます。

「石さんきれいになってね。」と思いを込めて優しい気持ちで浄化してくださいね。

石を浄化するときに、いっしょに感謝の思いももってみてください。

8秒間目をつむって、ブレスレットをクラスターにのせてゆっくりゆっくり。

クリスタルチューナ4096ヘルツの高周波を出す音叉は、浄化を目的に作られたそうです。4096ヘルツの高周波は、地球の基本振動（8ヘルツ）を増幅し、9オクターブ上昇させた音です。

## ■海の浄化

ゆっくりときれいな海を歩く、海のそばにいるだけ、8秒間目をとじる。悩みごとがすっかりスッキリ、頭もスッキリします。潮風でリフレッシュ、海に浸かる事ができたらさらに浄化されますね。

## ■塩による浄化

塩には高い浄化の力があります。ただ塩に長時間ふれると、柔らかい石はこまかい傷や穴があいてザラザラしてしまうこともあるので気をつけてください。浄化アイテムとして塩は皆様ご存知のアイテムだと思います。

塩はとても貴重なもので、お金のかわりに使われていた時代もあるほど。貴重なミネラル、生活に欠かせないものです。

一つまみ口に含んだり、場を清めるためにも使われます。沖縄でも魔除けのためにお守りに塩を入れたものがあります。

塩は、食塩ではなく、海の塩か岩塩を使ってくださいね。

風水の知恵で、方向の悪い所に行く時、私は浄化用として塩を常備して歩いています。身を守る方法として有効です。

## ■お風呂の浄化

できたら8分くらいお湯に使ってゆっくりリラックスしてください。1日の疲れをとるのはもちろんのこと、日々の浄化になり自律神経も整いますね。

8にこだわっていますが、8分ではなく1時間ゆっくりでも大丈夫ですよ。

お風呂の中でも浄化したい時、お塩を一つまみ入れて頭皮も塩でマッサージすると、お風呂上りにはとてもスッキリしています。塩は浄化力が強いですが、頭皮に傷があると、沁みますので無理せずマッサージしてみてくださいね。

体の疲れがとれると、スッキリします。シャワーを思いきりあびるのもスッキリします。滝に打たれているみたいですよね。

## ■大地に触れる浄化

ゆっくり8分間散歩する。深呼吸しながらゆっくり、かかとから地上に着けてゆっくりゆっくり…。水晶ブレスレットをつけて歩くのもおすすめです。

また、草原や砂浜で仰向けになったり、腹ばいになったりするのも効果のある浄化法です。

## ■神社参拝による浄化

日本にはたくさんの神社がありますよね。神社は願いごとをする場所と思われていますが、あなた自身を浄化する場所でもあります。

浄化とは綺麗にするという意味もあります。神社に行く前に塩風呂に入って身を清めましょう。

毎日、目に見えないエネルギーを体に受けているので、神社でしっかりデトックスして疲れを癒すのもいいですね。

神社の境内に流れる時間は8時間進んでいると教えてもらいました。たとえば朝8時にお参りしていても神社ではもう夕方です。夕方にお参りするともう夜中。みんな朝の早い時間にお参りしているのはどうしてだろうと不思議に思ったことがありますが、神様の時間が日常の暮らしより進んでいるからなんですね。

私たちの祖先も、天国でお参りをして家族の幸せを願いながら過ごして生きているのでしょう。できるだけ丁寧なお参りができるといいですね。

神社の鳥居には、一般社会と神域を区切る結界のような意味があるそうです。神様と祖先に一礼してからくぐると、より浄化されると思います。参道の中央は神様の通り道といわれ中央を避けて進むのは敬意の表れです。

**・手を清める方法**

1. 手水舎（ちょうずや）で、手を水で清める。ハンカチを取り出しやすい場所に用意してから、右手でひしゃくを持ち、水をくみ左手を洗う。
2. 左手に持ち替えて右手を洗う。

3．右手に持ち替え、左手の手のひらに水を受けて口をすすぐ。ひしゃくに直接口をつけないこと。口に含んだ水を出す時は口元を隠してそおっと口をすすぐ。水の状態によっては、無理に行う必要はありません。

4．ひしゃくを立てて、残った水が柄に流れるように洗う。

5．元の場所に静かに置く。

・お参りの方法

1．一度姿勢を正し、深いお辞儀を2回行う

2．胸の前で、右手を少しひいて、手を合わせる

3．そして手の平を2回打つ

4．手を合わせて心を込めて祈る

5．お辞儀をする

6．心の中で感謝を伝える

（自分の名前、住所をのべてから感謝を伝えるとよいといわれます）

神社は、自分自身と向きあい、今ここにいることを神様に感謝する場所です。そして、新たな決意を宣言する場所。ここで伝える祈りは浄化されていますので神様に届きます。

## ■色の浄化

### ・0から8のチャクラ

人間には0から8のチャクラがあるといわれています。

チャクラとはいったいどのようなものでしょうか。科学的論拠はありませんが、私も信じています。チャクラの語源は、インドの言葉の一つであるサンスクリット語で「車輪」や「光の輪」といわれています。

0から8のチャクラは足元が0で、順番に頭上へ向かい、頭の上が8チャクラと呼ばれています（P47の図参照）。チャクラは生命エネルギーの入口といわれ、人間の生命体や肉体さらに精神エネルギーをコントロールしてくれます。

**・第0チャクラ**

一番下の足元に位置します。大地のチャクラといわれ、土のエネルギーを吸収し、しっかりと足をふみしめるグラウディング効果の高まりにより自信につながる。生命の土台になります。

**・第1チャクラ（ムーラダーラ）**

場所…骨盤の底　尾てい骨周辺

関連している器官…直腸、膀胱、尿道、副腎、子宮

特徴…エネルギー、集中力、活力、安定、生命力

気持ち…自分の生き方の源泉

効果的な色…赤、黒

**・第2チャクラ（スワーディシュターナ）**

場所…下腹部　おへそ下の４㎝下あたりの丹田（たんでん）と呼ばれる場所

関連している器官…腎臓、大腸、小腸、卵巣、精巣など

気持ち…ポジティブさ

効果的な色…オレンジ、ゴールド

**・第3チャクラ（マニプーラ）**

場所…胸とおへその間、胃のまわり、みぞおち

関連している器官…胃、食堂、すい臓、肝臓、十二指腸

気持ち…決断力　癒し

効果的な色…緑

**・第4チャクラ（アナハタ）**

場所…胸のまん中

関連している器官…心臓、血管、乳腺、胸腺

気持ち…愛情、自己肯定

効果的な色…ピンク、緑

**・第5チャクラ（ヴィシュッダ）**

場所…咽頭部周辺

関連している器官…のど、気管支、甲状腺、肺、リンパ腺

気持ち…強い意志、コミュニケーション、対話

効果的な色…水色、青

**・第6チャクラ（アジュナ）**

場所…眉間

関連している器官…脳、神経系、目、五感、知覚、直観力

気持ち…直観力、伝える力

効果的な色…藍色

**・第7チャクラ（サハスラーラ）**

場所…頭頂部

関連している器官…松果体（2つの大脳半球の間に位置）

気持ち…無償の愛　すべての情報を脳に伝える

効果的な色…紫色

**・第8チャクラ（ソウルチャクラ）**

場所…頭上から30㎝くらい

関連している器官…精神
気持ち…宇宙からのメッセージ
効果的な色…マゼンタ、白色

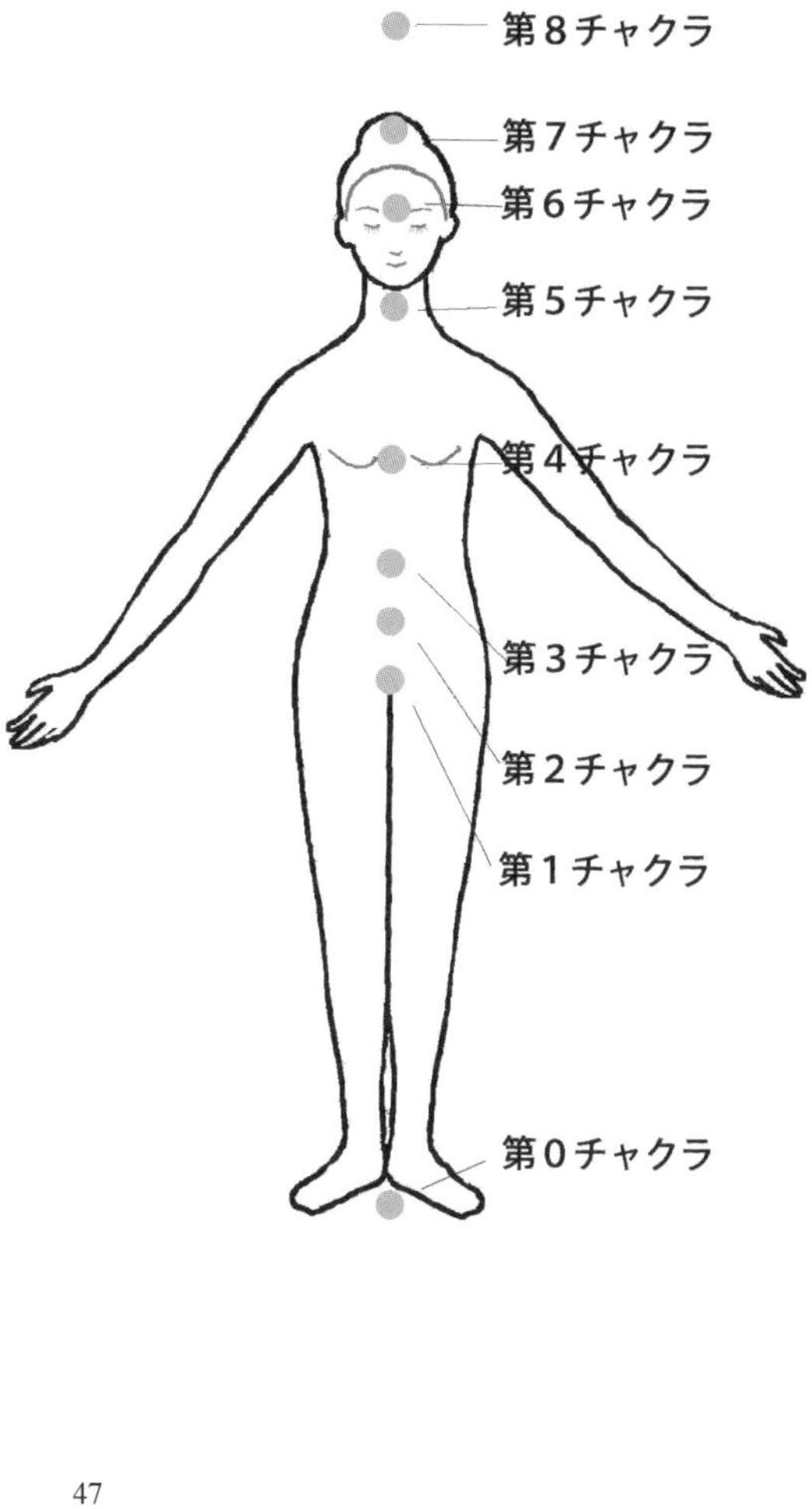

## ■チャクラは生命エネルギーの入り口

### ・生命エネルギーを取り込むチャクラと呼吸

地球にある生物は、生命エネルギーを必要としています。宇宙光線がないとどんな生物も存在できません。チャクラは生命エネルギーの入口といわれています。

生命エネルギーを体に取り込むのは、一つは目に見えないチャクラです。前述のように、8つのチャクラは、それぞれが固有の意味を持ち、臓器とも関連しているといわれます。

生命エネルギーを取り込むもう一つの方法は大切な呼吸。深いゆっくりとした呼吸。8回深呼吸してみてください。ゆっくりゆっくりと。

## ■パワーストーンで8つのチャクラを浄化

### ・水晶で浄化

チャクラの流れが悪いサインとして、心身の不調が生じることがあります。

倦怠感、孤独感、無気力感、頭痛、腰痛、胃痛、自律神経の乱れ、首の痛みなどです。そこで、８つのチャクラをパワーストーンで浄化することをおすすめします。

その方法は、水晶ブレスレット（マイナスエネルギー浄化）、水晶ペンダントを身につける浄化方法です。また、自宅にいる時間が多い時は水晶クラスターもとてもよいです。水晶は持ち主の気持ちをリラックスさせます。

## ■０から８のチャクラを浄化するその他の方法

８のチャクラは魂と繋っているといわれますが、水晶で浄化する以外に、以下の方法がありますので試してみてください。

**・森林浴でゆっくりゆっくり歩く**

原因と結果の法則では、前へ進む、力強さを意味します。強い思いで前に進み、浄化をして身心元気で過ごしてください。

**・８秒間目をとじてゆっくりゆっくり呼吸**

8秒間の呼吸浄化法では、数字の8をイメージします。8は形で表すと八角形、八芒星です

二つの0がつながると8になります。二つの0は物質世界と精神世界にたとえられます。この二つの世界が安定すると、パワーを生み出します。そして8を横にすると∞（無限大）です。無限大に浄化してほしいという願いが込められているのでしょうね。

# ＰＡＲＴ３　天然石よる浄化法

## ■天然石で浄化

ＰＡＲＴ２では自然現象を利用した浄化について紹介しましたが、この章では天然石による浄化法をお伝えします。

石も極めて微細なレベルで振動していることはすでに述べましたが、現代科学でも石の振動は認められ、ヨーロッパでは、医療にも用いられています。

石の振動には一定の周波数があり、測定できます。

また、私たちの意識や言葉、感情にも波動があります。

もちろん天然石、パワーストーンにも波動、振動があり、それは地球の核になるエネルギーだといわれています。無数に存在する石ですが、世界に同じものはなく、その石だけの波動で人を癒す不思議な存在です。

パワーストーンは宇宙、地球からの贈りものであるといっても過言ではありません。あなたの大切な手で浄化をしてさらにパワーアップできますように…。

浄化は永遠のテーマです。

## ■水晶による浄化法

### ・らせんを巻いている水晶

水晶は科学表記すると$SiO_2$と表記され、二酸化珪素です。二つの酸素と一つの珪素で構成されているものです。

水晶はらせんを巻いていて、右回りと左回りのものがあります。水晶は右回りか左回りかです。天然水晶では右と左がほぼ半分ずつあります。

宇宙森羅万象は、女（陰）と男（陽）、夜（陰）と昼（陽）、などのように陰陽の調和によって存在しているといわれます。この右回りと左回りにも、陰陽のバランスがあります。見た目では右巻きか、左巻きかはわかりませんが、特殊な光を当て判断することもできるそうです。

### ・右回りの特性

浄化力が強い、排出デトックス、解放、高次元波動を受けとる

### ・左回りの特性

よい気を吸収する、エネルギーチャージ、浄化力も高い

人も物もあらゆる存在が物質であると同時にエネルギーであり、相互に支え合っています。支え合いの一例として、水晶や鉱物からは様々な人体に有益な気が出ており、病気や怪我を癒してくれます。それが現代科学で徐々に解明され始めています。

### ・水晶の浄化

水晶は地中の奥深くで作られる天然石英です。１００年近くかけて１ミリずつ大きくなります。サンゴと似ていますね。

水晶は強い浄化力をもっています。ヒマラヤ水晶にはとても大きなパワーが詰まっているように思います。

８秒間にぎっていると、ホッとしてスーッと心身ともに安らかになり、浄化

されていることが実感できます。

また、痛みがある場所に、手当てするように当ててあげたり、ふれたりすると石のパワーで痛みがスーッとひいたりするんです。不思議ですよね。

高次のエネルギー、叡智のパワー水晶。

体にまとわりついていた邪気も、水晶を持ったり置いたりしておくとスッキリきれいに浄化されます。その件はＰＡＲＴ４で詳しく説明します。

「忙しい」は心を亡くすと書きます。そんな方は、ゆっくり心身をリラックスして整えてくれる水晶がおすすめです。

## コラム…猫の足が水晶で回復

我が家にいる猫ちゃんが足をひきながら歩いていて、病院で診てもらって、痛み止め（数日分）とサプリメントを処方してもらいました。しかし、痛みがひかないのか、ずっと歩き方がもどりませんでした。そこで、小さな水晶を、その子の足にマッサージするようになでていました。最初は何の反応もありませんでしたが何日か続けていると、足もすっかりよくなっていきました。今は、すっかり走り回るようになり、なんと、ジャンプもできるのです。

## ■アメシストによる浄化

### ・神話となった石

アメシストは浄化に使われる石の一つで、ブレスレットをアメシストの上や横に置いて浄化します。

その昔、アメシストという名前のお姫様が、お酒の神であるバッカスの家来に食べられそうになった時、月の女神であるディアナはアメシスト姫を水晶に変身させました。

それを見たバッカスは、水晶となったアメシスト姫の美しさに己の行動を反省しました。そして「私の葡萄の実りはアメシスト姫への懺悔になろう。」と言い、水晶にワインをかけたところ、無味透明の水晶が紫に変わり、アメシストができたと言い伝えられています。

ギリシャ語では、アメシストはお酒に酔わないという意味があるだけではなく、人生の悪酔いから身を守ってくれるとも言われます。

空間の浄化にも多く使用される石です。

### ・高貴な石

日本でも、アメシストは神秘的で上品であり、紫色は最も気高い色とされていて、古くは「冠位十二階」で最高の色として使用されています。

中国では、皇帝だけが身につけることを許された色でもあります。

アメシストは、イライラの感情を沈め、精神の安定を引き出す石であるともいわれています。

恋愛運を上げる石でもあり、真実の愛、良縁に恵まれるともいわれています。

魔除けにも使われ、災いから助けてくれたり、ネガティブで嫌なことが起こらないようにしたりと多くの効果があります。

石を胸にあて深呼吸を8回してみてください。気分がスーッと落ち着きますよ。優しい波動で心の乱れをととのえてくれます。

アメシストの石言葉…心の平和・誠実・愛情・清楚・高貴・癒し

・アメシストドーム浄化

地層や岩の内側に結晶が形成されるものもあります。

アメシストドームは別名アメシストカペーラとも呼ばれ、よい気を集めて、事業の成功をもたらし、財運を高めるといわれています。

空間の浄化力も強いので、気の入り口である玄関に置くのもおすすめです。

以下アメシストドームの効用です。

気の活性化
空間の浄化
家運を上昇
財運、事業の成功
心身の疲労感を癒やす
他のパワーストーンを浄化する（ドームの中にブレスレットを入れる）
幸せを引き寄せる
魔除けの効果などなど

以上のように、アメシストは絶大なパワーとエネルギーに満ちています。石は、意志をもっていて自然にあなたのもとにやってきます。その石に、あなたの目がとまった途端に潜在意識にパワーが入ってきて、あなたはそれを受けとめるでしょう。

その石は、きっとあなたにふさわしい石です。心惹かれる石に出合えたら、手のひらにのせたり、軽くにぎってみたくなります。心が惹かれるとはそういうことです。

## ■アマゾナイトの浄化

### ・命を守ってくれた素敵な石

アマゾナイトはアイスブルーのとてもきれいな石です。空のように、すきとおった緑の石。持ち主を守る石といわれています。

以下に、私の命を守ってくれたアマゾナイトとの出合いを紹介します。

運転中にエンジンが止まってしまい、道路のどまん中で停止した時、左腕につけていたアマゾナイトが切れて、バラバラッと飛び散ってしまいました。

高速の降り口からすこし左に入ったところでした。4車線のまん中で車が動かなくなり、どうしようとハザードランプを点けて止まっていたら、後ろから大きな黒の車が来て、お兄さんが降りてきて、

「ニュートラルにしろ!!　後ろから押すから!!」と左端に押してくれました。

泣きながらお礼を言い、パッと見たら、もうお兄さんはいなくなっていました。助けられた感謝、生涯忘れません。ありがとうございます!!

この体験が、アマゾナイトによるものかどうかは意見が分かれると思いますが、私にとっては、紛れもないアマゾナイトの効果だったのです。命も守られたのですから…。

## ■癒し力の強いパワーストーン8選

### ①テラヘルツ鉱石

10年前、はじめて手にした時にびっくりした石です。光と電波の中間のテラ

ヘルツ波を当てた水晶をブレスに入れていました。
心身のバランスを整えて、不眠が改善したのです。不眠の方にも喜ばれています。

**②インカローズ**

癒し、冷え、ホルモンバランスにもよいといわれる人生バラ色の石です。

**③アマゾナイト**

イライラを鎮める、不安をとり去る、命を守る、リラックス効果もあります。

**④珊瑚**

１００年以上深海の塩で浄化された、命を守るお守りです。念珠として持つ方もいます。

**⑤アクアオーラ**

肩や首のこりによいとされる石です。
他の石が吸収したマイナスエネルギーもクリーンにしてくれます。

### ⑥アパタイト

強い思いが伝わる石で、骨、歯も丈夫にするといわれています。

### ⑦ラベンダーアメシスト

幸せを呼びよせる、癒しの石です。優しい気持ちになります。

### ⑧レインボー水晶

虹がかかっていて、長い歳月をかけて作られる幸せな波動の石です。持っていると元気になるのでおすすめです。

よい波動の石や、自分の波長に合う石にはパワーがあります。不思議と落ちついたり元気になったりします。石にも意思があるので、あなたが気に入った石に出会うということは、その石に選ばれているのかもしれませんね。

鑑定でご縁をいただいた皆様には素敵なブレスレットを作成させていただいています。

大切なタイミングで必ずあなたにふさわしい石に出合えます。

## コラム：宝石とパワーストーン

宝石とは「みるからに美しいこと」「稀少性があること」「削れることのない硬さがあること」…。パワーストーンとは少々意味が違いますね。

地球上には四千種類以上の鉱物がありますが、パワーストーンとはいったい何でしょうか。　海外では、パワーストーンという言葉はありません。

パワーが宿っている石、コミュニケーションの石という伝え方が合っているのでしょうか。私はパワーストーンはストーンヒーリングができるという意味だと捉えています。

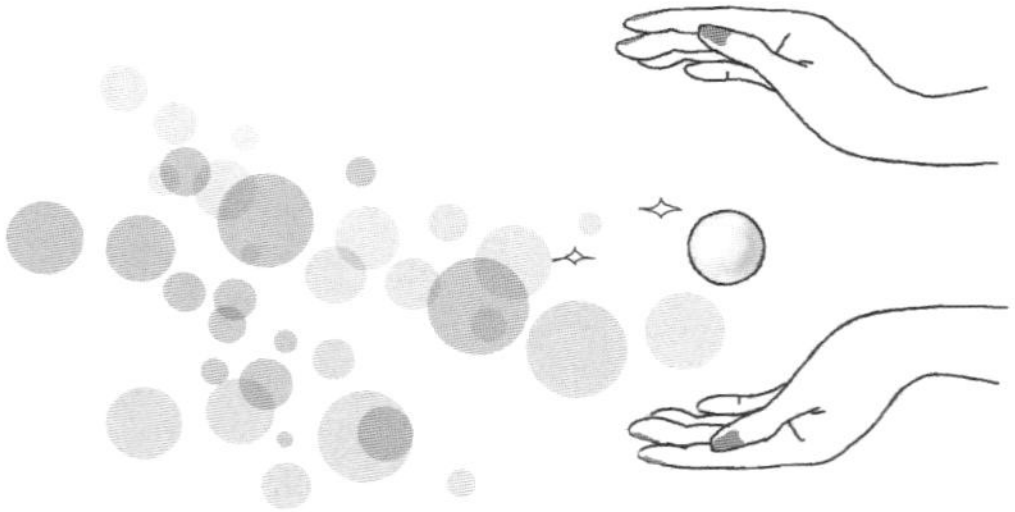

## ■浄化力の強いおすすめの石

### ・赤珊瑚

感謝の気持ち、前向き、子供や命を守る石です。海の中で千年以上塩で清められ、強い浄化力があります。本物の深海珊瑚を持つと心がすっきりして、必ずお守りになります。飛行機や車に乗るときの力にもなります。

赤珊瑚は、筋肉や関節にも作用するといわれます。子宮や卵巣、肝にもつながりがあると昔から伝えられています。

ところで、珊瑚はパワーストーンとして有名ですが、実はクラゲやイソギンチャクと同じ生き物です。色鮮やかで枝分かれしているものもあるので、植物のようですがれっきとした動物です。しかし、地上で乾燥させると硬い石のようになるため、パワーストーンとされています。

### ・アマゾナイト

精神不安をとりのぞき、呼吸や体温、睡眠リズムを整える石といわれています。

自分の直感力を磨く、希望の石でもあります。また、神経バランスをゆっくり整えますので、冷静になりたい時に持つとよく、素直になれる石でもあります。また、天使を呼びよせる石であると思っています。

・ムーンストーン

代謝をよくする、ホルモンバランスを整え肥満ぎみの人にもよいとされる石です。抱えこんでいた悩みが軽くなり、心の安定、過剰な不安やいらだちを取り去ります。また、のどがつまるような圧迫感を軽減します。精神不安を取り去ってくれ、あたたかく愛しいオーラをもつ石です。

・ピラミッドタワー

宇宙からのエネルギーを受けとります。エジプトのピラミッドもエネルギーのとても強いものです。火のエネルギーも強く、三角、ピラミッドを置いておくだけでもとてもパワーがあがりますね。

ピラミッドと同じパワーをもつのが、私のすごく好きな正二十面体のキラキラストーン・クリスタルです。この形にすごくひかれます

キラキラしたカット、光、脳のヒーリング、気持ちを元気にする、パワーUPできる、魔除けの形、めずらしく貴重な石なのでブレス作成時に入れることがあります。とてもきれいで癒されます。

正20面体のキラキラストーン・クリスタル

## コラム…奇跡を起こすのはあなた自身です！

「必ず幸せになりますよ」「よい方向に進んでいますよ」「あなたもお金持ちになりますよ」

と言うと、「ほんまかいな!?」と言われることもあります。

必ず奇跡を起こす／信じる力が大切である／必ず言葉に出す／素直でいること／行動を起こすこと

そうすることで迷いや不安がなくなります。積極的に行動する。自分の幸せを願って相手の幸せも願う。笑顔ですごす。それが一番です。

一番キセキを起こすことができる存在は、他の人ではありません。あなた自身です!!

## ■石の選び方

石選び、それは直感力です。

〝コレッ〟という思い、感じ方を信じて、この石を持ってこういうふうになりたいと願いましょう。

「自分の石」という思いになる、話しかけてくるイメージ、不安をとりさるイメージの石がおすすめです。

大好きな石にかこまれて、精神的に豊かに暮らす。傷ついた心を癒してくれる石。石から出ているパワーや愛を感じとることです。

そんな石を、ただ握るだけでもいいんです。話しかけたり、「いってきます」「今日もよろしくね」「大丈夫」「ありがとう」と話しかけるだけで、エネルギーが充電されます。

もし石選びに迷うようなら、「オーリング」をして力の入る石を選びましょう。

■噂話には加わらないようにしましょう

人の噂話をすると、ストレスを増やしてしまいます。一番気をつけることは、その場にいない○○さんが△△を言っていたよと伝えてくる人。しつこく話してきても「なんでそう思うの?」「本当ですか?」と反応してはいけません。

マイナスをすべて受けとることになり、結局は自分もイヤな気持ちになります。軽く受け流すようにしてね。無関心が一番ですよ。

悪口を言わず相手のことを褒めましょう。心に余裕があるから他人を褒められるのですから。

また、SNSに関わりすぎないようにしてください。答えはひとつではないのです。

■石は地球にある最大のエネルギー

世の中には、見えるものと見えないものがあります。よりよいミラクルな未来を引き寄せるための大切な石。

石にはいろいろなパワーがありますが、純粋に未来が幸せになるイメージをもちましょう。

持つだけで願いを叶えるのではありません。そのお手伝いをするのが大切な石の役割です。

大切な石を持つことでリラックスしたり、呼吸がととのったり、元気になったり、ゆっくりと眠れるようになったり、不思議な体験がたくさんあるのです。よいエネルギーをたくさん吸収して元気いっぱいでいてほしいと願っています。

## コラム…石が健康を運んでくれる不思議なお話

体の不調が続く方へ緑の石をすすめています。ゆっくりですが、石をすごく大切にしてくれて健康になり、今ではバスツアーもみんなで行けるようになった方もいます。

また、白内障でその後ぼんやりとした視野になった方へ赤色の石をすすめていました。前よりは、人の顔もはっきりと見えるようになったと話されました。

石による浄化はとても素直で素敵です。石を好きと言えない人、石なんてオカルト的、宗教的と言う人も一部にいます。

でも、しずかに、ながめたり、さわったりするだけで人生は豊かになります。石が好きな気持ちをもってくださいね。

何かの誤解が解けると、感謝がふえます。

この本を手にとってくださっているあなたも、一度は石をつけたり、石について考えたことがあると思います。石って、信じて話しかけたり、持ったりすると、すごく光り輝いてくるんです。信じて行動すると豊かさが返ってきます。

古くからあるものを、大切にして、大きな力に変える、大切な思いをもって行動すると、心から浄化できます。

## ■シラーカラーの不思議

ゆっくり見ると石の中に青っぽく光る石がありますよね。そのカラーはけっして人工では作り出せません。

生命カラー、毒をのぞくカラーと教えてもらったことがあります。組織を元気にするいろんな意味があります。

### ・藍色の石

精神の不安をとりさる。心疾患から守る。

### ・近赤外線の赤

ヘルニアや腰痛など痛みを緩和する。激痛がなくなった方もいます。

肩こり、しびれ、肥満に。低血圧、腰痛などにもよい色とされています。元気を出す色でもあります。

**・七色や緑色**

喘息にもよいと言われます。組みあわせを変えていくと、原因不明のうつや、高熱にも効果があります。

**・青色**

難聴や、耳、のど、リンパなどにもよい石です。

## ■意外と知られていない色の魔除け

**・「五色」**

神社によく五色の幕がありますよね。土俵の上にある四房のカラーなど、陰陽五行からきている色です。

青・赤・黄・白・黒

もしくは

緑・赤・黄・白・紫

それぞれに意味があり、魔除けのカラーです。七夕の歌にも「五色の短冊」という歌詞もありますね。

## ■霊を寄せつけない香り

### ・フランキンセンス

ホワイトセージが有名ですが、空間の浄化に最適です。フランキンセンスは、薬の原料にも使われる、ふんわりした、オレンジみたいな香りです。身につけると霊を遠ざけると言われます。

### ・パロサント

浄化力も強く、甘い香りがする香木です。ミントのようなバニラのような香りです。

玄関に置くのもオススメです。パロサントは神様の木とも言われます。私もすごく大好きな香りです。よい聖霊が寄ってくるともいわれます。

浄化力の強い香りです。

## ■8つのことをするだけで一日が変化する

①ノートに書く（どんな書き方でもＯＫ）
②思い浮かぶことを具体的に書く
③イメージする（叶いやすくなる）
④チャンスがやってくると思い続ける
⑤毎日続ける
⑥書きながら瞑想する
⑦目を閉じ深呼吸する
⑧ゆっくり休む

書いていくと必ず変わります。
また、足のつめを切り、手のつめを切り、ゆっくり足元から浄化しましょう。

さらに変わる８つの方法も紹介していきましょう。

①余裕がない時は休む
②ひとりの時間を作る
③やりたくないことはやらない
④エネルギーを奪われる人から離れる
⑤人混みを避ける
⑥部屋の掃除をする
⑦完璧を求めない
⑧ありのままの自分でいる

## コラム…石を見つめるとマイナス感情が減る？

マイナス感情を口に出すと、自分の運が減ってしまいます。誰でも嫉妬や恨みなどの感情をもつことがあります。しかし、口に出してもマイナスになるだけ。

マイナス感情を出すとすごく疲れます。

また、人のマイナスは伝染しやすいのですが、それはプラスの感情よりマイナスの感情のほうがパワーがみなぎっているからです。ですから、不快な話を聞くと自分も不快になりマイナス感情に満たされてしまいます。

マイナス感情に対応せず、どんなことがあっても自分を守るためには無関心でいることです。

「あの人はこうしているよね」「あの人は気にいらないね」「あの人は○○で△△よね」などの言葉は、もってのほかです。一度マイナス感情を伝染させると、人間としての信用を失い、まわりから人が離れていきます。

ゆっくり石を見ていると、そんなマイナス感情が徐々に薄らぎます。そして、ポジティブな感情が湧いてくるのは不思議です。

石によって、心が浄化され、パワーが与えられたのでしょうね。

# PART4　魔法の浄化法888

## ■8をよく見ると

8をよく見る時は、龍神様が寄り添っているという説があります。

8は「龍がそばにいるサイン」。龍神の数字なんですね。

また、漢数字の八は末広がり、縁起のよい数字。永久的に繁栄、繁盛、発展の意味があります。タロットカードの数字では「力」のカードです。

龍は、∞（インフィニティ）の形になりエネルギーの渦をつくる、よい波動です。

また、龍神様に8回感謝を伝えてみましょう。ステキな気持ちになり、よいことが起こる可能性が高くなります。

すべての空間にはエネルギーが流れています。それを「気」と呼んでもいいでしょう。龍は自然界のパワーの象徴で、自由に動きまわる存在。場を、清らかですがすがしい空間にかえてさらに住みやすい空間にしてくれます。

気の流れのよい空間にして、元気を取り戻しましょう。

## ■数字の意味

あなたの暮らしの中で、よく目につく数字はありませんか？　また、誰にも好きな数字がありますよね。以下にそれぞれの数字の意味を紹介しましょう。。

### 1…自立

自分がやってみたいことには勇気をもってチャレンジしてください。周りに何を言われても行動あるのみです。必ず夢を叶える数字です。

### 2…支え

協調性、順応性、奉仕、平和、周りの気持ちを繊細にキャッチできます。感性が豊かで、周りの空気を感じることができます。

### 3…知識

新しい事を学ぶ、楽観、創造力、寛大、自信、純粋、自分の好きな事でプロになれる数字です。常に楽しみながら他の人をサポートします。

### 4…安定

責任、管理、信頼性、目標、頑固、リアル、安定の数字です。欲しいと願うものは必ず手に入る可能性があります。さらに気品、品格、身の回りを整理する数字です。

### 5…変化

沢山の変化、自由、ポジティブ、多様性、健康、スピリチュアル、自然な才能、頭の回転が早い、コミュニケーション力があります。

### 6…愛情

愛と光、こまやかな気づかい、人の役に立つことが喜び。感謝、人脈、多くの人の助けになる、困っている人を助けます。また、子供を意味する数字です。

### 7…集中

天運に恵まれている。直感力、人生の成功、ギャンブル運、アイドル運、職人気質、才能豊富、目立ちたくなくても目立つ、仕事運のある数字です。

## 8…成功

無限、富、幸せ、前向き、豊かさ、絆、金運、達成、龍神、チャンス、行動力、財宝、運命好転などの数字です。

この本にもたくさんの８の数字がでてきています。見るだけでも運がよくなって、みなさんも無限にパワーアップしたらいいなと願っています。

## 9…完成

１桁の数字の中で最大であり、ヒーリング、慈しみ、誠実、論理性、高次元、理想、永遠、完全、勇気、完成を意味する数字です。

９は恐れなしに行動する人がよく持っているナンバーです。自分の神聖な使命を全うし、人類、地球のために行動します。

いかがでしたか。

数字には隠れた意味がたくさんあります。好きなナンバーや、ラッキーナンバー、目にとまるナンバー、色々あっておもしろいですね。

私たちは自分で自分の顔を見ることができません。

まわりにいる人はすべて私たちの鏡であり、まわりの人の中に見える性質はすべて自己の中にある概念が反映されています。

鏡をみて８回笑顔を作る、８秒間自分のかわいいチャームポイントをさがす。

自分にはホクロがこんな所に!!　鏡の前で笑ってみてください。笑顔最高!!

ちょっと楽しくなってきましたね。

鏡の前で８回!!　「今日も元気で運がいい」と声に出して、さあ出かけましょう。

外出しても、ワクワクすることに出合えて、新しい自分になれますよ。

Ｈａｐｐｙにすごしましょう。

## ■今の幸せを受けとる

無理な犠牲をやめて、心から信じて自分を大切にしてください。そして、心から人に与えて、「与えるものを私たちは受けとる」という宇宙のしくみも味方につけて、幸せを受けとりましょう。

### ・ゆるす

あの人だけは許せない、という人もいると思います。それだけ深く傷ついたから…。

その人を許さないことで、一番苦しんでいるのはだれでしょう?

「許さない」と、いつも相手に意識をむけているということです。苦しみ、つらさ、憎しみでいっぱいの心には愛や豊かさは入ってこれなくなります。

ところが、ゆるすとあなたの心は解放されます。

8回声にだして、その方を想い、願い

「○○さんが幸せに生きていけますように」と願ってみてください。願うのは苦しい事もありますが、自分自身の心が解放され、とてもクリアになります。

今から自分自身がどんどん幸せになるために。

思いは必ず伝わります。相手は鏡ですから、自分の姿がきっと映るはずです。

## ・自分が変わると相手も変わる…ミラクル

あなたは、大切な存在であるという事を伝えましょう。

はじめは心の中で8回思い、そして、声に出して伝えます。

自分の事も、相手の事も「大好き、愛してる、幸せ、うれしい、たのしい、ありがとう、感謝してます、HAPPY」。この言葉も教えてもらいました。

8つの大好きな言葉を声に出して伝えましょう。

朝起きて目が覚める。朝日が明るい。

雨の日は雨のにおいがする。

自分の足で歩ける。話しができる。

目が見える。

自分でトイレにいける。

ご飯を食べれる。健康で生きられる。

数えきれない、あたりまえのようであたりまえじゃない幸せがあふれています。８個以上書き出してみましょう。

そして、大切な方へ日々の感謝を伝えると、毎日が変わります。

まずは何でもやってみることです。

## ■心も幸せになる8つのポイント

### 1．笑顔を意識する

８回ニコッと笑う。

最近、笑顔になっていますか？　笑顔を見せると、相手も同じ表情に近づきます。

「おはようございます」この一言に笑顔もプラスされたら、１日１回の浄化ＯＫです。

### 2．間違った時には素直に謝る

心の中でもＯＫです。

**3．朝に感情をととのえ感謝する。**

「ありがとう」の8秒ワーク、ありがとう、ありがとう、ありがとう、ありがとう、ありがとう、ありがとう、ありがとう、ありがとう、ありがとう

「ありがとう」を書き出したり、言葉で伝えたりしてみましょう。

**4．機嫌よくすごす**

ごきげんに笑う

いつも怒っている人、不機嫌そうだとだれも近づいてこなくなります。いつも笑顔の人ってまわりにたくさんの人がいませんか？　とてもシンプルですが、「笑顔」は浄化できる方法です。

**5．好きな事からはじめる**

好きなものから食べる。掃除は好きな場所からはじめる。料理は作りたいものから作るなど。

## 6. 気分転換する

いやな事を忘れるには、別の何かをする。
楽しい場所に行く。楽しい場所は自然と笑顔になってきます。
笑顔の人は、まわりに人が多いので、周りの人もみんな元気になります。

## 7. 新しい事にどんどんチャレンジ

ダメならやめればいいのです。

## 8. ゆっくり休む、深呼吸する

以上の８つのポイントを少しずつ始めてみてください。心がすっきりしてきて、心が落ち着き、これが浄化につながります。

自分自身の幸せは自分で決める。人の意見だけではなく、自分がどう思うかを大切にするのです。意味のない勝ち負けの枠をつくらないようにします。一度負けたとしても（負けたと思っても）、負けてなんかいません。全部否定されるわけではないのですから。

勝ちも負けもありません。ポイントは、一人でかかえこむのはやめる。勝ち負けにこだわりすぎないことです。

## ■「私は健康です」8回声に出す

「私はとても元気です」と声に出すと心から元気になると教えてもらったことがあります。

言葉ってすごく大切ですね。

言霊(ことだま)っていわれますよね。言葉には魂が宿っているので、言ったことや言われたことが魂に響くのだと思います。だから、ある願いをずっと念じると実現することがあるのですね。とくに言われて嬉しい言葉って、本当にそうなっていく感じがします。言葉には強い力が宿っているように思いますよね。

願いを心から言えるようになると、ますます元気になります。

言いたい時に言う。よい言葉をたくさん言う。心から思えるようになる。

そうすると私も周りの人も、次々に明るくなります。

こんな話があります。植物に「素晴らしいね」「愛しているよ」などと話しかけると成長が早くなるそうです。言葉のよい振動が水の状態を変えるのでしょうね。逆に「大嫌い」「醜いね」などと話し続けると、枯れてしまうそうです。

**■今日からやめること8つ**

**①人の顔色を気にする**

大丈夫かな。怒ってないかな

**②人間関係の距離感をつかもうとする**

分かってくれると思う時に依存しすぎるのもやめる

**③気持ちが落ち込みすぎる**

**④他人の言葉を気にしすぎる**

**⑤他人の評価が気になりすぎる**

**⑥〝自分なんて〟と劣等感をもつ**

**⑦自分を責める**

### ⑧周囲の期待に応えようとしすぎる

期待に応えようとすると必死になってしまう

## ■心が浄化される8つの思い

①そのままの自分で愛されていると思うこと

②信頼されていると思うこと

③自分らしさを信じること

④自分を責めないこと

⑤自分をすごくほめること

⑥周りの人が何といってもやりたい事をしていくこと

⑦意外となんとかなると思うこと

⑧何があっても最後まであきらめないこと

■人生で最も幸せな瞬間を８回思い出す

これからおこる幸せな瞬間でもＯＫ！　書き出してみてください。

1.

2.

3.

4.

5.

6.

7.

8.

書くと必ず思考が現実に近づきます。

心に思ったことを書き出してみてください。あまり考えずに…

**■ピンチがきた時に行動する8つのこと**

①ピンチがきたら今は必ずチャンスにつながるタイミングであると信じること

②自分を信じきること

③不安や焦りに飲みこまれないこと

④自分に今成長のチャンスがきていることを信じること

⑤原因を冷静に分析していき、書き出すこと

⑥周囲に助けを求めること

⑦プライドをすてさること
⑧最高に幸せな自分を想像すること

８の字を手の平に指で書いてのみこんでみてください。
書いて、のみこんで、を８回繰り返してください。
やってみてネ！

**■悪い気をもらわない８つの方法**

①共感しすぎない
②ネガティブに考えずポジティブに変える言葉を話す
③悪口の同調をしない、受け流す
④石の力を借りる、パワーストーンブレスをつける
⑤不機嫌にならない、笑顔ではね返す
⑥塩を舐める、多めに食べる（海塩限定）

⑦白いバリアをはっているイメージで瞑想する

雲につつまれているイメージ

⑧拍手、かしわ手を8回打つ

一番簡単なお祓い方法ですね。これをするだけでも、悪い気をもらわなくなります。

## ■それでもまだ心がしんどい時に行う8つの浄化法

①嫌な事をされた事、いわれていやな事、を紙に書き出す。そして紙をすべて「破る」

神社によってはお皿を割る場所もありますね。

②ありがとうを8回大声で言う

ありがとうは心の浄化です。

③水晶や原石にしばらくふれる

波動が綺麗になるイメージができるのでおすすめです。

④１kgの塩を湯船にドッサリいれて、お酒もいれてお風呂に入る

　頭、首、手首、両肩、背中、胸、お腹、膝のうら、足裏土踏まずを塩でこすります。（スーパー銭湯にいくと塩サウナはおすすめ）

　塩には深部の邪気を出す力があり、日本酒には邪気を祓いのける力があるとされています。

⑤シャワーをしっかり浴びる

　滝行ほど仰々しくなくても滝にうたれているイメージで行います。

⑥水晶をにぎりしめる

　最強の浄化方法です。

⑦部屋の掃除をする

　一カ所をしっかりきれいにします。

⑧火（たき火）を炊く

　部屋の中ではできないけれど、庭で焚き火をするのがいいでしょう。また、キャンプにいった時にはキャンプファイヤーを静かに見つめてみましょう。

前述の８つの浄化法を実行しながら、以下のことを心がけましょう。
自分で自分のご機嫌をとること。力を抜いてゆっくりリラックスをすること。
深呼吸を心がけること。

## ■思い通りに行かない時の浄化法

①相手に対する愛を深める
②相手に感謝する
③「敵じゃなくて味方である存在」と思う
④決めつけることをやめる
⑤自分の考えの違いに気づく
⑥自分が変わる
⑦チャンスであると思う
⑧８分間瞑想する

思い通りに行かない時は、ゆっくりと色んな事を考えるチャンスです。そして、眼の前が開けるチャンスタイムなのです。

ご機嫌でいるとすごく思い通りになるものです。心の状態もよい波動になります。ピリピリしているとピリピリした波動をひきよせ、思い通りにいかなくなります。周波数（波動）は周りにすぐ伝わりますから…。

全身からも、表情からも、周りの空気からも、思い通りになるイメージを持つようにしましょう。

## ■金運を上げる浄化法

### ・金運を上げる最強日は？

暦の中で吉日は、大安などいくつかありますね。

特におすすめが、一粒万倍日（いちりゅうまんばいび）です。

「一粒の籾をまけば、万倍の籾が稲穂になる」といういわれがあり、大切な籾が万倍に成長する日といわれます。暦をチェックしてみてくださいね。

また、吉日の中でもとても縁起がいいといわれているのが、天赦日(てんしゃび)です。天が万物の罪をゆるす日とされているそうで、天赦日にはじめたことは叶うと言われています。中国の思想「陰陽五行説」から由来しています。

叶えたいことを8回ノートに書き出してみてね。

8秒間の深呼吸でも大丈夫。この本の8が書かれた場所を思い出してみてね。

## ・金運を上げるには大切な人に感謝の気持ちを8回伝える

一見関係のないことのようですが、これらは金運と深い関係があります。

①いつもいてくれてありがとう
②ご飯を一緒に食べてくれてありがとう
③毎日話をきいてくれてありがとう
④家族が健康でいてくれてありがとう
⑤子供をさずかれてうれしい、ありがとう

⑥仕事ができてうれしい、ありがとう

⑦いつも笑顔でいてくれてありがとう

⑧幸せですありがとう

右の言葉にこだわらなくても、どんな言葉でも大丈夫です。ありがとうを大切な人に伝えましょう。

### ・玄関をきれいにすると金運が上昇

玄関をよいエネルギーに変えましょう。浄化ポイントは８つです。

①水ぶきをしてピカピカに

②靴は出しっぱなしにせずに靴箱にしまう

③よい香りの玄関にする

④玄関内に表札をかざる

⑤玄関のマットはよいものを置く
⑥入ってすぐ明るい玄関にする
　暗い場合はずっと電気をつけるのもおすすめ
⑦玄関マットはこまめに洗う。クリーニングする
⑧「いってらしゃい」「おかえり」「ただいま」を玄関で声に出して伝える

なんとなく暗い、なんとなくイヤな感じ、なんとなく臭い、なんとなくエネルギーがひくい、なんとなく開けたくない、なんとなくじめじめする、なんとなく頭がいたくなる場合は上記8つのポイントのどれかから少しずつ対処すればOK。すっきりした玄関にしましょう。

金運アップは誰でも望むこと。もちろん、人それぞれに望みの額は違うでしょう。まずは、今の自分の状態を少しずつアップしていきましょう。金運については、もう少し詳しくＰＡＲＴ５でも紹介していますのでお楽しみに。

**■マイナスエネルギーがなくなる浄化法**

①床にものを置かないようにする
②塩水で床をきれいに掃除する
③方角のよい場所によいものを置く
④窓をあけて空気をいれかえる
⑤テーブルの上をきれいにする
⑥グラスや水を置いてきれいな場所を作る
⑦お気に入りのクッションやソファーにかえる
⑧ぼろぼろのものを使わない。きれいに洗う

マイナスエネルギーとは、「邪気」と言いかえることができます。

邪気というものは、とても心の優しい人に憑きやすいみたいです。心が優しくて温かい、人の為にがんばりすぎる人、とても素直な人、泣き虫の人についてきます。

邪気を祓う方法は、上記のような具体的な行動に加えて、思考方法を変えるのもとても効果的です。自分が変われるように反対の事を考えてみてください。

①人の為にがんばる事はとても素敵ですが、たまには自分の事を優先してもいいよ。

②心が優しくて温かいのも素敵ですが、たまには厳しくすることも大切。

③とても素直な事は素敵ですが、かざり気もなくまっすぐに、たまには強く。

④泣き虫さんも感情をしっかり出せて素敵ですが、そのあとは思いきり笑顔でいてネ。

⑤できない事を責めないで。

⑥自分に自信をもつ人になる。

⑦簡単に考える、前向きな結論をだす。

⑧邪気がよってきても、私には何もできませんととなえる。

## コラム…苦手な人との出逢いは自分を変えるチャンス

私は鑑定後にその人の体の痛みをもらってしまう体質だった時期があります。気のせいだと思っていましたが、ある人が来るたびにひどい頭痛になり、とても立っていられなくなるくらいでした。

病院で検査しても異常なし。でも、私の頭の中どうなっているんだろうと思うくらいつらかったんです。私の考えすぎだろうと思いましたが、いつも同じ場所が痛くなるのです…。

今はしっかりと浄化して、邪気をもらわないようにしています。

自分の体を大事にしないで、頂いた給金が病院の治療や薬代で消えていました。苦手な人とは無理に付き合うのはやめた方がいいと思います。〝あ!自分が変わるチャンスなんだ。この人はそれを教えるために私と出会ったんだ〟と思いましょう。

## ■自分の体を守る8つの方法

①自分の体に白いベールを作るイメージをもつ
②体にありがとうと手のひらでヒーリングする
③頭の上から足の先まで明るい光につつまれるイメージをもつ
④深呼吸を8回くりかえす
⑤手を洗う。ひじのあたりまでしっかり
⑥太陽の光に8秒間あたる
⑦音を8回（音叉などを使って8秒間でもOK）鳴らす
⑧お水をゆっくりと飲む。（デトックスになる）

それでもまだ疲れる場合は、手のひらで8回たたく。体でも、頭でも、ほほでも、体についているいらないものをはらうイメージです。拍手でもOKです。

### ■心の浄化が必要な状態

以下の８つの状態になると、心身に影響があらわれてきます。

①家の中が荒れてくる時
②口癖がネガティブになる時
③体温が下がる、お腹が冷たくなる時
④ネガティブな人とつながってしまう時
⑤身体が疲れやすい時
⑥太りやすい時
⑦ひどい肩こりや頭痛がある時
⑧破壊的に考えてしまう時

この状態が続くと危険なので、邪気を払って心を浄化する必要があります。
おすすめは温泉ですが、人工的なお風呂ではなく、天然温泉がおすすめです。

2、3回短時間入浴してサウナで汗を流します。塩サウナもおすすめです。
また、森林にかこまれている環境に行って森林浴をするとすごくいいですよね。

■誰に対しても人助け

この精神状態になるには、強いエネルギーがいります。困っている人や、つらい方、体の痛みがある方、悩みが深い方は邪気をたくさんもっているといわれます。

相談を受ける側は邪気を受けます。邪気をもらうと、身体がすごく疲れ、暴飲暴食してしまうこともあります。

心と体をしっかり浄化することが大切です。

しかし、以下のような人は無理に接触しておつきあいするよりも、少し距離をとったほうがいいでしょう。

①否定ばかりしてくる人
②言葉遣いが悪い人
③その人がいない時に噂話をする人
④悪口を言う人
⑤マイナスの言葉が多い人
⑥一緒にいてどうしても疲れる人
⑦人を利用してくる人
⑧人の足を引っぱる人

## ■波動が活性化し幸せになる8つの感謝

身の回りにあるすべての物には波動があります。あなたの波動が変われば出合う人も変わり、言葉使いも変わっていきます。大切な人と過ごす時間が増えて、幸せに生きることができるのです。

大切なパワーストーンもそれぞれの人に合う状態で作成していますので、今の波動に合わないと身につけるのが億劫になるかもしれません。

大切なことは自分の波動をどんどん上げることで、自分が元気になること。

よいことを人に伝えて、相手が笑顔になるように、自分も笑顔になるように、幸せを感じて生きることです。

波動が活性化するのには感謝することが最も大切。

感謝して幸せになる８つの事を紹介します。

①毎日眠る安全な場所があることに感謝

②毎日、朝起きて太陽の光を感じることに感謝

③毎日スッキリ排泄できることに感謝

④毎日食事ができ美味しいと感じることに感謝

⑤毎日歩くことができることに感謝

⑥毎日大切な方と話すことができることに感謝

⑦毎日大切な方の声が聴けることに感謝

⑧毎日大切な方に会えることに感謝

## ■邪気が少しずつたまってきている合図８つ

外見から邪気が少しずつたまってきているとわかることがあります。しかし、エネルギーは目に見えないので、すぐに気づくことができません。いろんな人の話を聞いて、アドバイスをしながら発見したことです。

①体の痛み、一定の場所の痛みがとれない

カウンセラーや整体師、占い師、看護師にも多いのです。その他、人にふれる仕事の方も。

②不眠で、目のまわりがくぼんで隈ができすごく疲れている

③髪の毛が傷んでいる、バサバサしてつやがない

④服装が汚れている、乱れている

⑤体臭が強くなっている

⑥目がうつろになっている
⑦顔色がよくない
⑧水太り、お腹だけでている

次に、これら邪気がたまり始めた状況を変えていく方法を紹介します。

あまりにも邪気が強い時は、身体を清めるために、神社やお寺に行って、ゆっくりとお参りすることをおすすめします。神社では、ジャリジャリ小石の上を歩いて邪気を払っていきます。意外かもしれませんが、狛犬さんの目をみて、邪気を払うこともできます。

また、お寺に参拝するのもいいですね。お寺は祈り清められた場所です。

## ■邪気を浄化する8つの方法

邪気を浄化するのはこれまでの浄化法よりも上級の浄化方法と言えます。見えない力が応援してくれるようになりますよ。

①神社の手水舎で手を洗う

②お寺では線香をたく

③お寺では念珠を左手に持つ。１０８の煩悩が消えるといわれる

④ご祈祷を受けて心から願う

⑤手を合わせて感謝を伝える

⑥お礼参りをする

⑦神社内にある雑草にふれる。パワーがみなぎります

⑧神社やお寺を出るときにもお礼を伝える

## ■幸せになる8つの波長

以下のこの８つのことを意識して毎日過ごすと８つの波動に変わっていき、幸せを引き寄せることができます。

①波長が合うと感じる物を置く

②お気に入りの場所を見つける

③パワースポットに行く
④自宅を居心地のいい空間に変える
⑤にっこり笑顔を絶やさない
⑥よい香りにつつまれる
⑦自分を大好きになる
⑧ありがとうを伝える

日常生活で、すべてできることです。

# ＰＡＲＴ５　暮らしに活かして運気をアップする

これまでに数字の8についてたくさん紹介してきました。8は、見るだけでエネルギーがぐんぐんアップしていく数字です。

8を身につけると、エタニティ（永遠）、無限のパワーがあなたに備わります。

自分に限界を感じることがなくなり、ゆっくりゆっくりだとしても、必ず目標にたどりつけます。

自分自身で「運がとてもよい」と自分をみとめてあげることです。

この本を読んでいるということは、とても運がよいですね。ありがとうございます。

この「ありがとう（有難う）ございます」という言葉も「あ（有）ることがむずか（難）しい」と書きます。「有難い」と言えることはすごくすばらしいことだ、と昔だれかに教えてもらいました。

また「ありがとうございます」は神様にいう言葉でもあります。すばらしい、キセキみたいな言葉ですね。この本には、いろんな人に教えてもらったことも書いています。皆様のおかげです。ありがとうございます。

さて、このＰＡＲＴ５では暮らしに活かして運気をアップする具体的な浄化の方法を紹介します。

## ■窓のない空間の浄化

窓のない空間の代表はトイレです。閉ざされた空間なので陰の気がこもりやすく、人体に悪い影響を与えることがあります。

### ・トイレの浄化法

水晶さざれ石を小皿に盛って、トイレの中の棚などに置きます。時々はトイレに置いている石も水で洗い浄化してあげます。

風水でもトイレの運気アップのために様々な秘伝が使われていますよね。

その他、窓のない部屋も同じようにしてください。

## ■怖い夢を見る時の浄化法

毎日ぐっすりと眠れるといいですよね。

ところが朝起きても疲れがとれていない。それどころか、怖い夢をみて疲れきっている。そんな時は、悪いエネルギー、邪気を祓って気持ちを安定させる方法があります。

それは水晶をベッドサイドに置くことです。

## ■使わなくなった石を土にうめる浄化法

ブレスレットが割れてしまった時、一粒が欠けてしまった時、人の手から渡ってきた時などで、もう使わない石は故郷である「土」にもどしてあげてください。近くに山や森などがあればそこに埋めてあげてください。近くのきれいな土の中に埋めてあげて土に還してあげます。

空気のきれいな場所は土もきれいです。石にたまったマイナスエネルギーを浄化していくことになります。しかし、人が歩く場所は避けてくださいね。もう使わないのに浄化する必要ないでしょう？　と思うかもしれませんが、石は生きていますからちゃんと葬ってあげるのはとても大切です。

## ■クリア浄化とパワーアップ浄化

クリア浄化とは、パワーストーンに溜まっているマイナスエネルギーをすべて出すことです。さらに、その後はパワーアップ浄化をします。パワーアップ浄化とは、クリア浄化後にエネルギーをチャージするイメージです。この両方を同時に行うとより浄化されます。

パワーアップ浄化にもいろいろあります。私が行なっているのは、以下のような8秒間のパワーアップ浄化法です。

①8秒間「ありがとう」とブレスに伝える
②8秒間天然石を磨く
③8秒間手のひらであたためる
④8秒間ゆっくり目をとじて深呼吸（8回）
⑤8秒間水晶クラスターの上にのせる（8分もおすすめ）

⑥8秒間流水に天然石やパワーストーンをあてる
⑦8秒間セージの葉を燃やしてけむりをくぐらせる
⑧8秒間音叉のクリアな音色を鳴らす

まずは8秒間でいいですのでパワーアップしてあげてください。慣れてきたら8分間に延長します。少しずつ浄化に慣れていきましょう。

続けていると、ゆっくりですが確実に浄化ができるようになります。

### ・隕石（ギベオン）による浄化

宇宙からの贈りものである鉱石は「隕石」と呼ばれます。想像もできないくらいの大気圏の熱に耐えて届いたキセキの石。

そこにブレスレットを置くと浄化できます。

### ・黒水晶（モリオン）の浄化

黒水晶の漆黒は光を通さない貴重な石です。流通量も少なくとても価値が高い石です。高い浄化力で負のエネルギーを吸収します。

男性パワー（陽の力）の強い石ですので、パワーもあります。

**・珊瑚での浄化**

海のお宝、珊瑚。特に深海サンゴは海の中で千年以上塩で清められていて、昔から大切にされてきました。1年に1センチくらいの大きさになり、育つまでに大変な歳月がかかります。

生きたパワーの源で、女性のお守りとしても人気があります。身につけるだけでスッキリ浄化ができ、心身ともに守られます。

## ■人を幸せにする言葉の浄化

**・希望にあふれる言葉で浄化**

前述したように言葉には魂（たましい）（言霊）が宿るとされています。愛、感謝、優しさなどを込めて言葉にすると現実になります。そして、将来がいい方向に変わっていきます。

いい言葉を使うと性格は前向きになり、美しく変わります。言葉は思いや考えを伝えるもの、希望であふれた言葉で伝えましょう。うまくいくよ、もう大丈夫、大切にしてね、元気でね、などなど…。その中でも、代表的な言葉は「ありがとう」です。とても大切な言葉です。

### ・「ありがとう」浄化

今すぐ浄化したい時、「ありがとう」を8回言ってみてね。また、8回拍手「パン、パン、パン、パン、パン、パン、パン、パン」で完了です。

ピンチの時には、心の中で「守られています、ありがとう」と言い放ちます。

背すじをまっすぐ、目をとじて息を吐いて、吸って、8回唱えます。

浄化されたと思えたら、もう大丈夫、終了です。

## コラム…私のとびっきり浄化法

教えてもらった方法ですが、お水やお茶に「元気にしてくれてありがとう」と、8回言うだけ。

こういって飲むだけ、これで若く元気でいられたらすごく嬉しくないですか？　おかげ様で、私は今も元気です。お水は宇宙の生命体ですものね。

さらに、元気の浄化方法8回ガッツポーズをやっています。

「毎日元気に生きています!!」

毎日鏡を見て、声に出して言うだけ。言葉だけで心も変わりますね。

## ■自分だけの時間を作る浄化法

### ・誰もいない場所でゆっくり

疲れがとれない時、深いリラックスができていない時、他人のささいな言葉や行動にイライラしてしまう時、仕事や家事をうまくこなせない時などには、誰もいない場所で自分の時間を作ってゆっくりしてください。それだけで浄化になります。いつも我慢しすぎていませんか?

### ・8分間の居眠り

誰もいない静かな場所で、8分くらいゆっくり目を閉じてください。そのまま全身の力を抜いて居眠りするのが最も効果的です。横になる場所があれば横になって、難しければ椅子に座ったままでもいいですよ。

仕事の合間でもいいので自分だけの時間を取ってみてください。

### ・胸に手を当てる

もう一つの方法は、ハートのチャクラ（胸）に手を当てること。8秒間ゆっくりゆっくり。私はこれをすると自然に涙が出てきます。教えてもらって初めてやったところ、とてもスッキリしました。

### ・声に出す

さらにもう一つのイライラをとる浄化方法があります。それは自分の口から、何がイヤなのかを声に出して言うんです。誰もいない場所でね。

ゆっくりゆっくり。気持ちが元気になりますよ。そこで泣いてもいいし、笑ってもいいし、何がイヤなのかが、少しずつわかってきます。私はそう思っているんだと自分で自分のことが分かりはじめます。嫌だなと思う人に無理に合わせないで、自分の気持ちに正直に行動できるようになります。おすすめです。

自分を幸せにすると、家族が幸せになり、友人、職場の人も幸せになり、社会も幸せになります。

教えてもらったことですが、自分自身をしっかり守って、満たされる。これは本当に大切ですよね。教えてくれてありがとうございます。

## ■体をあたためて浄化

お腹にふれると冷たくありませんか?

ストレスを多く受けるとリズムが乱れて、交感神経と副交感神経の切替えがうまくいかなくなります。そうすると自律神経が乱れてしまいます。また、暴飲暴食や偏食、運動不足などは体を冷やします。そんなときの浄化法です。

①さわるとお腹が冷たい時…お風呂にしっかり浸かり身体をあたためる

心臓とお腹をさわる…手のひらは内臓に気をおくり体温を上げます。温泉に行くのもおすすめです。

②食欲がない時…あたたかい白湯、お茶を飲む

③おしっこが近い時…不安をとり去る、身体をあたためる、骨盤底筋をきたえる、肛門をしめたりゆるめたりして予防する

④肩こり、胸痛がある時…ストレッチで筋肉を伸ばす

⑤足がだるい時…足のマッサージをする
自分で、または夫や妻、子供など身近な人にしてもらう

⑥オナラが出そうな時…がまんせず思いきって出す

⑦腰が痛い、だるい時…前屈と後屈を8回繰り返す、腰を8回回転させる、仰向けにゆっくり休む

⑧手足が冷える時…しっかり継続して運動する。筋肉量が増えて体温上昇につながる

また、鍼や灸はつらい痛みや凝りが改善しますので、鍼灸や整体などで改善していくのも大切です。

### ・体温の大切さ

体温の維持は生命の維持に直結します。絶えず、正常な体温を維持するよう努めましょう。

①30.0℃…意識がなくなる体温
②30.0〜33.0℃…冬山で危険な時、凍死する前の体温
③34.0℃…冷水の中で命が回復できるスレスレ体温
④35.0℃…病気の人に多い体温
⑤35.5℃…自律神経が乱れている人に多い体温
⑥36.0℃…免疫が少し低下しやすい体温
⑦36.5℃…健康体温
⑧37℃以上…免疫力が高くなるいい体温

あなたの通常の体温は何℃ですか？　しっかり浄化できる健康体温にどんど

ん近づけていくように努めてくださいね。

体をあたためるための運動や体をあたためてくれる食事を常日ごろから心がけましょう。

**■体をあたためる食べもの**

①寒い土地でとれるもの
②冬が旬のもの
③暖かい色をしているもの
④水分が少ないもの
⑤発酵食品
⑥お肉・魚
⑦土ごぼう
⑧旬のくだもの、野菜
春…タケノコ、キャベツ、アスパラ、イチゴなど

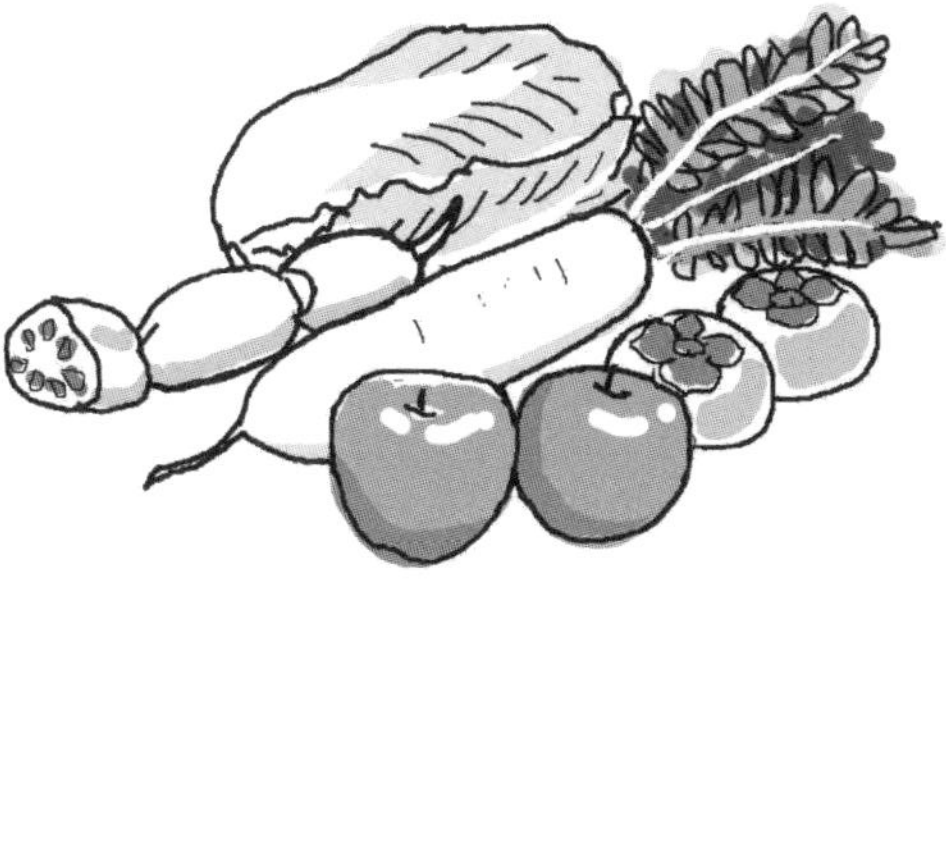

夏…カボチャ、キュウリ、ナス、スイカ、ウメ
秋…サツマイモ、ニンジン、ホウレン草
冬…白菜、大根、カキ、リンゴ　などの旬の食材を取り入れましょう。

## ■自分の体の声を聴く浄化法

東洋医学では、人間の身体には365個のツボがあるといっています。そして、そのツボを通っている経絡という気が流れる道があります。気が経絡をスムーズに流れると健康になるのです。

気の流れをよくするために重要なのが、以下の8つの特効ツボです。このツボを押すと、気の流れがよくなり、全身が浄化されます。

### ・8つの特効ツボ

①百会

名前のとおり「百」におよぶ特効ツボ

頭頂部のトップ

めまい・冷え・頭痛にもきく

気を流すツボ

②攅竹（さんちく）

攅竹は竹の杖のことで、竹の杖を使えないほど目の悪い人に効果のあるツボという意味。左右の眉の内側近くのくぼみの部分

かすみ目、目の疲れに

③頬車（きょうしゃ）

歯が車のように動く、下顎骨あたりのツボ

歯の痛み、顔の神経痛、けいれんにもよい

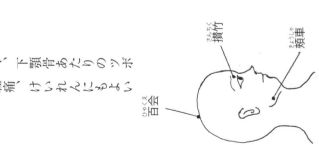

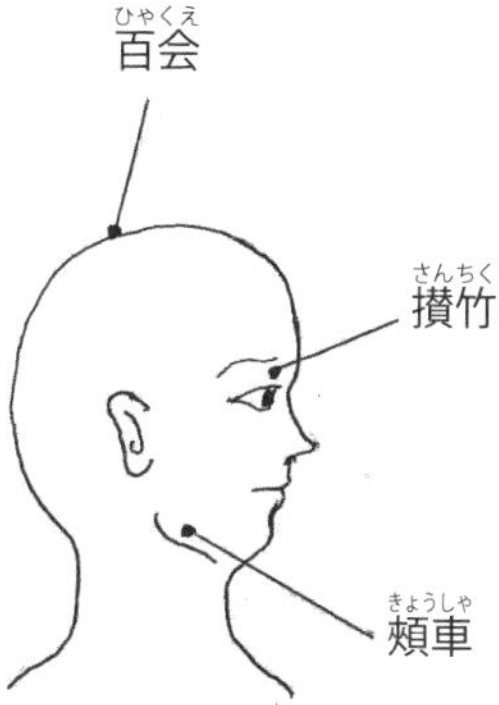

④天柱（てんちゅう）

後頭部の下のほう、首の後ろの真ん中上部あたり

目・耳・鼻のツボ

かすみ目、難聴、鼻づまり、くしゃみ

⑤肩井（けんせい）

肩のツボ、首の根元と肩先のちょうど真ん中にあるツボ

首・肩のツボ、めまいの特効ツボ

⑥風池（ふうち）

天柱の少し上あたり（後頭部の下のほう）

首の根元あたり（後ろ首の中央部のくぼみ）

東洋医学では邪気は病気の原因といわれる

風邪の特効ツボ

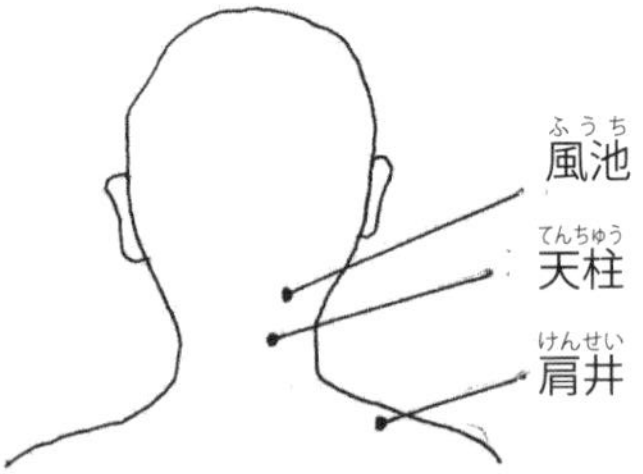

⑦合谷（ごうこく）

手の甲側の親指と人さし指の間
押しやすい手の甲のツボ
体の中のエネルギー活力ツボ

⑧湧泉（ゆうせん）

足のうらの重要なツボ
土踏まずのくぼんだ中央の場所
エネルギーを生み出すパワーの源ツボ
高血圧・むくみ・足の疲れ・不眠・腎系の疲れにとても効果的なツボ・命の源のツボ

この8つがすごくおすすめ。体の浄化にはとてもピッタリです、ぜひ押してみてください。

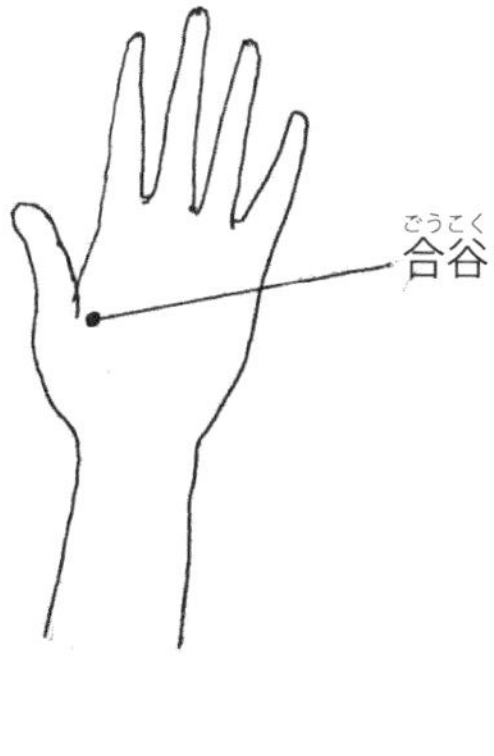


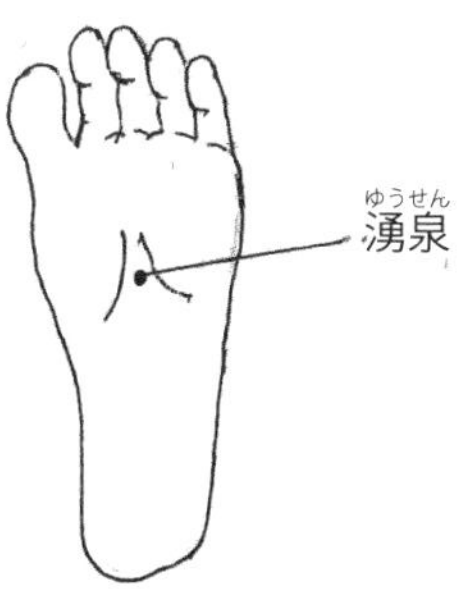

## コラム…手のひらを8回押す

皆様も知ってのとおり、手のひらは形も、動きも、手相もあり、不思議なことがいっぱいです。

手のひらって、ずっと見つめていると小さな宇宙に見えてきませんか？

手のひらのどまん中を押してみてください。ここは（労宮）というツボです。中指と薬指から続く骨の間にあるこのツボは〝心〟とつながっています。ストレス、イライラ、動機、息切れにもよいとされ、さらに肩や首の凝りにもよいのです。

不調がスッキリ、じんわり手のひらがあたたかくなります。8回ありがとうを言いながら左右の手のひらを押してみてくださいね。深呼吸とともに。

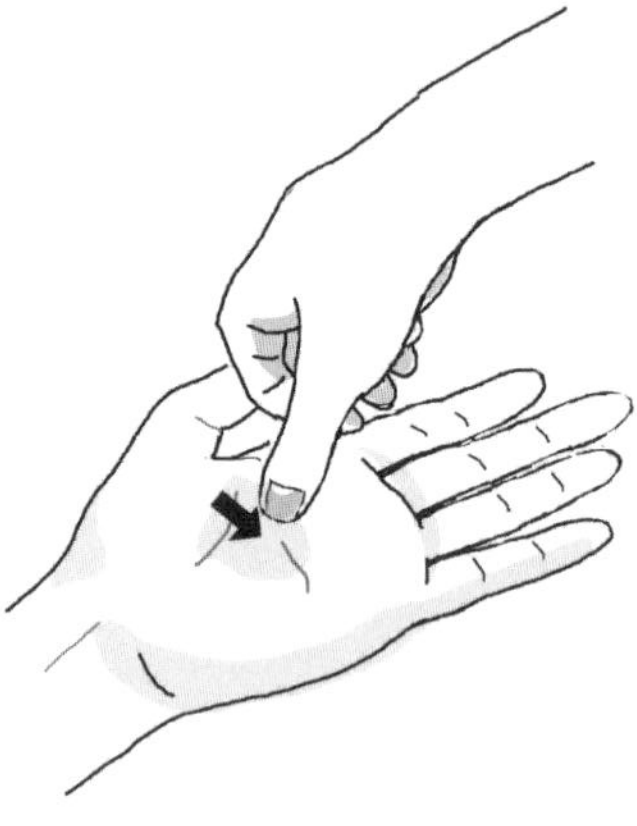

傷や病気を治すことを「手当て」というように、また、看護師の看も手を当てて目でみる意味があるように、手には不思議な力があるのです。

手のひらを押すのは、胸の中がスッキリしてパワーがみなぎってくる浄化ですね。

## ■自然の中での浄化

空気がきれいで緑がたくさんある場所に行くとマイナスイオン効果でスッキリします。とてもいい浄化になりますのでぜひ足を運んでくださいね。

森の中でリラックスしてゆっくりゆっくり、深呼吸を8秒間してみてください。

風に揺れる木の葉、小鳥の声にもとても癒されますね。きれいな小川のせせらぎ、滝を見る、海を見るのもいい浄化法です。

ところで、滝行はあまりおすすめしていません。マイナスエネルギーはたしかに祓われますが、多くの人が滝行をしているためそのあとにマイナスエネルギーが念のように残っている、あるいは、もらって帰る場合もあるため要注意です。しっかりとその場所を浄化してから行うのがとても大切です。

そのつど浄化をして清めてから滝行できる場所がよい場所です。

## コラム…ネガティブは邪気？

ネガティブは悪くないです。いろんな感情に気づくことができます。それがずっと続くのがいけないのです。

「無邪気な人」という言葉があるように、邪気がないと、すごく元気になりますね。

素直な人には、邪気は宿っていないです。

私も以前は邪気のかたまりでした。

「親と仲よくできない」

「まわりは普通の生活をしていて幸せそう」

「病気ばかりして、痛みでつらい」

「お金の苦労ばかり…」

他の人と比べたり、マイナス思考になったりで愚痴ばかり言っていました。それこそ邪気が大好きな自分でした。

心こそ変えないと…

自分やまわりの人を大切にできなかったり、人のせいにしたりしている限り、邪気ははなれません。

発する波長や波動を変えない限り、悪い邪気をひきよせてしまいます。

気づいたとき、今がチャンスです。

## ■浄化部屋をつくるおすすめの方法

大切な家具を買うときに「まぁ、これでいっか」で決めていませんか？家の中で長くすごす場所に邪気を入れたくないですよね。負のエネルギーを出している物を置くと浄化に時間がかかります。以下気をつけてくださいね。

①気にいったものを買う

とりあえず、安いしこれでいっか、はダメ　✕

②あまり気にいってない物は買わない、置かない

「人にもらったから」「気にいらないけど遠慮があるから」もダメ　✕

③気持ちよく使えるものを使う

すこし奮発して、ワンランク上のものを選ぶと大切にするし気分もちがいます。

④エネルギーの高い「お気に入り」を置く

神社のお守り、パワーストーンなど

⑤癒されるものを身近に置く
パワーストーンブレスレット、抱き枕、座布団など
⑥長年使えるものもおすすめ
お気に入りの机や椅子
⑦明るいものがおすすめ
明るい食器、家具
⑧かどのない丸みのあるものがおすすめ
丸いテーブル、丸みのあるコップ、丸い水槽など

## ■お金の浄化

お金の浄化をするうえで、とても大切なのが財布です。

「黄色の財布を持つと金運UPするの？」「長財布を使うとお金が貯まるの？」とよく聞かれます。

アイ♥ユーストーンでは、開運オーダーメイドオリジナルお財布も作ってい

ます。創業50年の老舗メーカー様とコラボして、鑑定後に、完全オリジナルで作成しています。浄化方法からこだわりがあります。

①長財布は、風水の観点からみると、お札がすごしやすい空間で、とてもよいとされています。
②お財布は自分の家と同じです。お金は自分と同じ、自分が居心地がいいと思う場所にしましょう。
③自分に合うカラーで作成するとぐんぐん金運を引き寄せます。
④外側は黒や緑もおすすめです。
　中をラッキーカラーにする方も多いですが、社長さんはリザードを持つと成功すると言われています。
⑤お財布の中に、レシートや伝票をいれっぱなしにしないでください。
⑥できれば小銭入れは別で持つといいです。
⑦お財布にもふとんを作ってあげるといいでしょう。

⑧古くなった、ボロボロのお財布はやはり早く変える

財布は、自分自身でもあり、自分の家でもあります。また、満月の日にお財布を月に向かって振ると金運がアップします。

※開運オーダーメイド財布は、作成までに、鑑定を含めて4～6ヶ月いただいています。ご希望があるときは、一度DMで返信させていただきますのでどうぞよろしくお願いします。

大切な財布でぐんぐん開運していきましょう。お金をしっかり浄化した財布でこれからお金のパワーアップをしていきましょう。

@AIYOUSTON1001

### ■浄化オーラ法

浄化オーラとは「浄化された気のエネルギー」ということもできます。浄化された気のエネルギーを引き寄せましょう。

①自分が白い卵につつまれたイメージをする
②ゆっくりと両腕を肩の高さにあげて両手をひろげる
③ぐるんと大きく円を描くイメージ
④自分にバリアをはっているようなイメージ
⑤体にまとわりつく邪気をふりはらうイメージ
⑥両肩をパッパッとはらうことでいらないものをふりおとすイメージ
⑦両手を頭上にあげた後、前と後ろに身体を曲げるイメージ
⑧両手を頭上にあげて背伸びをするイメージ

朝起きてすぐ、出かける前、人混みの中で、寝る前などにやってみてください。効果を実感することでしょう。

## コラム…邪気がとりつきやすい人は反対のことを考える

邪気は、とても心の優しい人にとりつきやすいみたい。

心が優しくて、温かい、人のために頑張りすぎる人、とても素直な人、泣き虫な人にひっついてきます。

自分が変われるように反対のことを考えてみて!!

①人のために頑張ることはとても素敵です。でも、たまには自分のことが先でもいいよ。

②心が優しくて温かいことも、とても素敵です。でも、たまには厳しくすることも大切。

③素直なことはとても素敵です。飾り気もなくまっすぐな人、たまには強くしたほうがいい。

④泣き虫さんも感情をしっかり出せて素敵です。でも、そのあとは思いきり

笑顔でいてネ。

⑤できない自分を責めないでね。

⑥自分に自信を持つこと。邪気はきません。

⑦簡単に考えること。邪気はよってきません。

⑧邪気が寄ってきても、私には何もできませんと、声に出して。

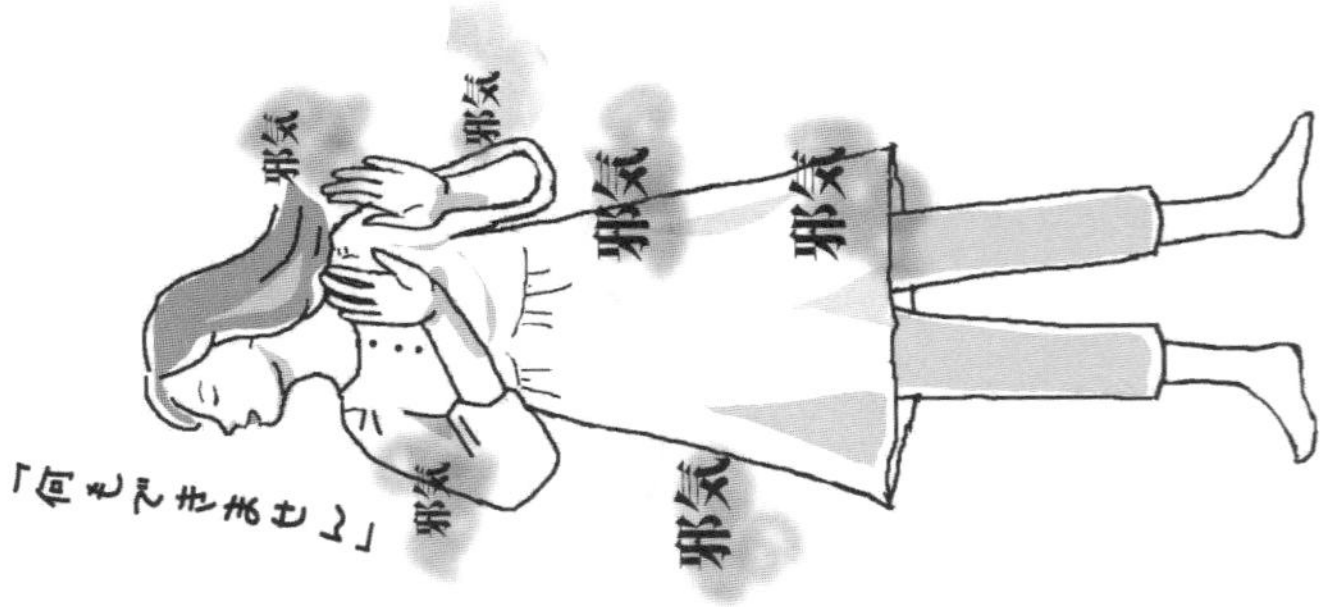

## ■天使をみる方法・心の浄化

みなさんは天使の存在を信じているでしょうか？　私は、日常生活の様々な現象を通して、天使の存在を感じています。

天使が近くにいるということは、心の浄化をしてくれているということです。目には見えませんが、天使は様々なシーンに働いて幸運をもたらしてくれます。

### ・天使が働いているサイン

①エンジェルナンバーを見る時天使が近くにいる

　ぞろめ８８８８などをエンジェルナンバーと言います。車のナンバーや時計の時間、レシートの数字など

②光がまぶしい、キラキラしている場所は天使が近くにいる

③羽やコインをみかける時

④緑や紫などが、写真にうつる時

　撮影したときは見なかったけど、後で写真を見ると映っていることがある

⑤天使の形をした雲
⑥赤ちゃんや猫ちゃんワンちゃんをよくみかける時
⑦シンクロニシティ（共時性）が起こる時
「どこかで会ったことがある」などの感覚
⑧風の音など、心の中から聞こえるような不思議な音が聞こえる時

これらは、天使が訪ねてきているしるしです。心が浄化され、よい方向に進んでいる時に見えたり感じたりします。

「あなたが決めたことは決してまちがっていないよ」という天使からのメッセージです。

### ・エンジェルナンバーの意味

①エンジェルナンバー1111
自分の行動がまちがっていない時に出る。行動を起こす

②2222

すべてが叶う。サポートをすることで形になるという数字

③3333

愛情のナンバー。子供との縁が結ばれたり、よいことが起きる前ぶれ

④4444

天使に守られているナンバー。天使がそばで見守っていてくれる

⑤5555

大きな変化の前ぶれ。魂が成長する時

⑥6666

自分に正直に、自由に生きるナンバー。愛情が必ず訪れる

⑦7777

ラッキーセブン。これからの人生を勇気をもってすすめる

⑧8888

ひじょうに縁起がいい。経済的に豊かになる

⑨9999

ライトワーカーの数字。スタートする

※ライトワーカーとは「光の仕事人」とも呼ばれ、不安や恐れを抱く人々を救うために生まれてきた人のこと。希望の光のような存在です。

## コラム…天使とは?

ところで天使とは何でしょう。キリスト教で神の使いとして地上界に使わされ、神様の心を人間に、人間の願いを神様に伝える仲介者です。天使は羽のある子供で描かれるように、純粋、優しさの象徴です。仏教では、天使に当たる存在を童子といいます。不動明王に従う童子が有名ですが、36の童子がいると言われています。

## ■8の意味

**・8は幸せを呼ぶナンバー**

中国でもとても人気の数字で、有名なのは2008年の北京オリンピックが、8月8日夜の8時8分8秒に開会したこと。また、8月8日はスマイルの日、笑いの日、幸せの日ですね。

**・仏教でもよく出てくる8**

八正道、仏教の8つの修行法…正見、正思惟、正語、正業、正命、正精進、正念、正定など

**・八卦（はっけ）**

当たるも八卦、当たらぬも八卦（当たっても当たらなくてもそれが占いである）。八卦は、古代中国から伝わる、易における8つの基本図像を指す。

■浄化カラー8色

8色の中から、あなたに合った色を見つけてください。それがあなたの浄化カラーです。

①赤…　太陽　生命　エネルギー　血液を表すカラー
なんでも挑戦する積極性　ハート

②青…　空　水　空間　海を表すカラー
思いやり　冷静　クール

③緑…　自然　木　やすらぎ　健康のカラー
困っている人を助ける　癒しの人

④黄…　明るさ　陽気　星　月のカラー
まわりを明るくする元気パワー

⑤桃…　愛情　幸せ　優しさのカラー
誰に対しても同じ優しさ　笑顔にする

⑥紫…　直感力　高次元カラー

深い愛　傷を癒す

⑦黒…　何にも染まらない強いカラー

思いやり　強さ　威厳

⑧白…　純粋　幸せ　何色にも染まるカラー

人の意見を聞く　良い相談相手になる　純潔

あなたに合った色を見つけるには、頭の中で8つの色をイメージして、最も心に残る色、胸がときめく色、それがあなたの浄化カラーです。

あなたを守り、幸せに導いてくれる色です。その色の洋服やカバンなどを身につけると、幸せが訪れます。

**■毒素のたまった場合の浄化法**

①食欲があまりない・ありすぎる→空腹を感じてからよくかんで食べる

②日中に眠い・食後が眠い→白湯やハーブティーを飲む

③お腹にガスがたまりやすい・便秘がち→運動して腸を動かす

④舌が白い（舌が汚れていると味覚が弱くなる）→歯ブラシでみがいてしっかりきれいにする

⑤痰がよく出る→桔梗茶を飲む（肺をきれいにする）

⑥疲れやすい→少しの運動・8分間ウォーキング

⑦すぐにイライラする→8秒間目を閉じる

⑧気分がのらない→楽しいことを考える・楽しいことを8個思い出してみる

あなたは、どれに当てはまりますか？

①～⑧の中で当てはまった項目を、ゆっくり体から毒素を出しているイメージをしながら実行してみてください。心身が浄化されますよ。

**・あなたがどれくらい浄化できているかのバロメーター**

①毎朝すっきり起きられる

②夜ゆっくり眠れる
③毎日入浴してすっきりしている
④便は毎日でる
⑤1日1回以上笑っている
⑥ホッとできる時間がある
⑦自分を認めてくれる人がいる
⑧明るい洋服を着ている

**・チェック数が8個の人→絶好調**

前向きでしっかり浄化できています。このままラッキーなことがどんどん起こるでしょう。

**・チェック数が7～5個**

運気はゆっくり安定して浄化にむかっています。今から今から！　希望がもてます。

**・チェック数が4～2個**

自分でもスッキリしたいと思ってるところ。浄化によいことをどんどんしてみましょう。

**・チェック数が0～1個**

浄化できていないサイン・下降ぎみです。でも、いまから浄化していけば大丈夫です。

## ■ミラクルデトックス法

①8g～10gの塩、1日の摂取量と同じですね
　食べることや身のまわりを清めるのに使う
②天然の塩、海の塩を使う
③塩風呂に入る（10gを目安に）
④塩水でうがい
⑤トイレも塩で流すこと

⑥塩も1週間くらいで交換
⑦盛り塩をする
⑧塩水でたたきや床を磨く

スッキリする、気持ちがいいなと思うと浄化されています。とくに水まわりをきれいにすると浄化されます。

私のお店に来てくださる人は口々に「すっきりする」「気が流れている」「風が気持ちいい」と話してくれます。また、風水の対策もしているので、やはりよい気が流れています。よい空間はよい人をはこんできてくれます。

## ■8カ所の水拭き

①窓
②玄関
③廊下
④くつばこの中

⑤自分のデスク
⑥トイレ
⑦水まわり
⑧手すりすべて

掃除をすれば、気持ちもスッキリ。今日も1日前向きに過ごせるぞ、と思います。邪気が祓われてすごく浄化されます。

## ■体を元気にするおすすめ8つ

①苦みのあるものを食べる

味覚を元にもどして、リセットする効果があるといわれる。ゴーヤ、ほうれん草、緑の野菜

②自然食品を選ぶ

化学的なものをできるだけ減らし、天然のものをとるようにする。添加物を減らす

③早起きをして散歩する
　活性酸素を減らす。ウォーキングがおすすめ

④お水をゆっくりこまめに飲む

⑤道に生えている雑草にふれる

⑥体に手のひらを当てる
　自分の手のひらから出ている赤外線パワーを体に当てる

⑦「体が昔みたいに戻る」と言い聞かせて、自分を浄化する
　脳に魔法をかけるイメージ

⑧おいしいご飯を食べる

①〜⑧を一度にすべて実践するのは、大変かもしれませんね。まずは一つずつ、自分に合ったことから徐々に増やしていってください。できないことは、やっているイメージをするだけでも、浄化の第一歩を踏み出しているのです。

## ■冷蔵庫の浄化法

冷蔵庫は財布と同じといわれますよね。古い調味料、傷んだものはＮＧです。金運をよくするためにも、健康のためにも。

①冷蔵庫内をきれいにする
　塩水できれいにふく
②古いもの（賞味期限切れ）は処分
③詰め込み過ぎず、適度に空間をつくる
④保冷剤も少しにする（10個以上は出費につながるみたい）
⑤何があるのかを忘れてしまっている冷蔵庫はＮＧ、いつもチェックする
⑥においの強いものは、タッパーに入れる
⑦冷蔵庫にチラシやマグネットを貼らない
⑧外から見ても中を見ても、気持ちいい空間にする

☆おまけ…お金は暗くて冷たい涼しい場所でふえる?

冷蔵庫は風水でいうと胃袋にあたるそう。ここが健康だと（整理整頓されていると）いいそうです。

宝くじの保管場所にもいいそうです

## ■笑顔浄化法

いやなことを頼まれた時、見方を変えることで、イライラしなくなり笑顔に変わります。笑顔は、心を浄化することでもあります。

①嫌なことは自分へのご褒美だと思う
②とげとげしくもせず、いやみも言わない
③イライラした顔は絶対にしない
④悲しい、暗い顔ではなく、笑顔をつくる
⑤イライラした自分が笑顔をつくれたことを褒める

⑥困難に出合ってもありがたいチャンスができたと思う
⑦笑顔ですぐに結果が出なくても、将来への投資だと思う
⑧相手に「ありがとう」と言う

これは教えてもらったことですが、たとえば、有休がほしいなという時に、上司に笑顔で頼みにいくと(そろっとではなく、堂々と)笑顔でうけてくれます。

笑顔をみると嬉しくなりますよね。また逢いたいと思いますよね。笑顔の波動は伝わります。

笑顔にはそんな不思議な力があります。みなさんも、どうぞ笑顔でいられますように!!

## ■運がいい人

人は生きていくうえで、人とのお付き合いは避けて通れません。人間関係とはいった何だろう?　いろいろ考えさせられます。

何十億人と人類がいる中で、私たちが生きている間に出会う人はそう多くは

ありません。特に親しくお付き合いする人、家族、職場の同僚や同級生。そんな中で縁のある人は「奇跡の出会い」と言っても過言ではありません。しかも、一緒にいると心が安らぐ人、なんとなく気が合う人は、およそ何万回と生まれかわって同じ時を生きてる人なのかなと思います。

運とは人によって運ばれてくるもの。一人一人をとても大切にしている人は本当に運がいいと思います。

**・運がいい人とは**

①すぐ行動する人
②相手をほめる人
③声が大きい人
④素直な人
⑤人の幸せを自分のように喜ぶ人
⑥時間を大切にする人

⑦いろんなことに立ち向かう人

⑧人がしていない苦労をたくさんしている人

## ■悪口の浄化法

悪口には必ず伝えている相手がいることを知りましょう。

黙って聞いていたり、しかたなく相槌を打ったり、目の前で悪口を言っている人に対して、心を閉ざしていきます。ぜひ、言葉の浄化をしましょう。

①悪口をいうと気持ちが重くなることを自覚する

②悪口はまたたく間に10人以上に広まることを自覚する。よいことはなかなか伝わりません

③悪口を言うとそれが種になり、忘れたころに自分にも悪口が返ってくることを自覚する

④笑顔がなくなり、顔が醜くなることを自覚する

⑤醜い自分から人は離れ、孤独になることを自覚する

⑥みにくい自分に気づいたら、よい言葉を話しましょう

⑦聞いていて嬉しくなる、ホッとする、感動した、涙がでる話を伝えましょう

⑧笑顔を作りましょう

悪い言葉でお互いが傷つくより、よい言葉を伝えてよいことが返ってくるほうがいいですよね。自分の発した言葉は必ず返ってきます。世の中の宇宙法則です。

## ■人生が好転するつながり8選

出合いや人間関係も好悪様々ですが、できることなら人生が好転する出合い、つながりを持ちたいものですね。

①居心地がよい

②タイミングがよく合う

③出逢う回数が多い

④笑うタイミングが同じ
⑤時間があっという間に過ぎる
⑥話しやすい
⑦感情をよく動かされる
⑧直感で何かを感じたり、思っていることが何となくわかる

こんな人とつながりを持ちましょう。

■**たった8回となえるだけで臨時収入がある言葉**

①私は今とても心が満たされています
②幸せがどんどん流れにのってやってきます
③最高の豊かなエネルギーを受けとっています
④豊かさのエネルギーをどんどん作って人に伝えます
⑤今あるお金と、入ってきたお金に感謝します
⑥お金は、心身の健康のために使います

⑦お金は無駄に使わず、人に喜ばれるように使います

⑧今の私に、ありがとうございます

この言葉を唱えると、臨時収入があると言われていますが、収入があるのは自分の力ではなく、浄化の力であることをお忘れなく。暴飲暴食や自分勝手な浪費はいままでの運がすべて逃げてしまいます。

## ■人生が豊かになるポイント8つ

①やすらぎを自分へプレゼント

　小鳥の声をきいたり、公園でのんびりしたり、ゆっくり自分が喜ぶことをする

②言葉を信じる

　よいことを言われたら信じる、信じると強いエネルギーに変わる

③肌をきれいにする

肌の汚れをしっかり取って保湿してツヤツヤにする

④感謝を忘れない

⑤愚痴、不安、不満を言わない

⑥他の人とくらべない

⑦背筋を伸ばす

⑧過去にこだわらない

①〜⑧を一つでも、少しずつ実践してみてくださいね。あれっ、最近いいことがあるな、いい人と出会ってるな！　とふと気づくようになります。いろんなことに感謝できる人、喜んで楽しく話す人はグングン運気があがります。

## ■成功する人のポイント8つ

①早起きが日課の人が多い

②環境を大切にする

③自分は質素な生活
④謙虚な人が多い
⑤なんでも楽しく過ごす
⑥目標を細かく設定する
⑦神様や仏様を信じる、手を合わす
⑧集中力があり、人の意見をよく聞く

いままで成功した人を見てきた中で、この行動をしている方がとても多いのです。パワーのすごくある人に多いポイントだともいえます。

優しくて、謙虚な人のところに人は集ってきます。そして人のつながりで、新しい可能性が生まれます。

## ■石のパワーを実感…体験談1

皆様に幸せが訪れますように！　と祈りながらこれまで、浄化法を様々な形で述べてきましたが、最後に石を身につけて変わったという方々の体験談を紹介します。

・天然ブレスにこれほどの効果があるなんて、よい波動を一生懸命込めてくれているからですね。石の意味、組み合わせ、順番にすべて意味があり、とてもかわいいし、個性的でどこにもないんです。

Oさん

・病気や怪我をしなくなったと思います。あれだけ左足が痛かったのに不思議!!

Mさん

・無垢な気持ちで一生懸命命をつないでくれる店長さんのファンになった。涙が止まらなかったです。

Kさん

・パワーストンを自分の子供みたいに大切に、浄化したり話しかけたりしている店長さんの気持ちがうれしかったです。相性のよい石を組み入れてくれて、ありがとうございます。

Sさん

・このブレスをつけてから、よいことばかりではなかったけれど、難をのがれるとのメッセージをもらえていたから怖くなかった。毒出しの効果が出ているのかな？

Yさん

・ブレスレットをつけると、心が楽になるんです。あの時教えてもらったことを思い出すみたいで。ほんとうに、あんなに丁寧に話を聞いてくれて、キラキラした石で作ってくれてありがとう。

Aさん

・体験談になるかわかりませんが、私も伝えたいことがあります。
みっちゃんと話せるのが楽しみです。

お店のほか、イベント会場など、どこでもみっちゃんと話すだけで魂が浄化されているのがわかります。

話をした後、なんか涙がでそうな不思議な感覚に戸惑いましたが、浄化されたと確信しました。こちらまで優しさをもらった感じもします。みっちゃんは自分のことより人のため、優しさを絵に描いたようなお方で、心配になるくらいです。こんな方にお会いしたのは初めてです。

パワーストンとてもかわいくてパワフルです。

Sさん

・大切な印鑑。印鑑については、最大凶を変えていただき効果がありました。銀行印を作成していただいてからは、年収は上がるわ、長年売れなくて荒れていた土地が売却できるわ、マンションは広告を出す前にすぐ売れるわ、などなど、決して裕福ではないけれど、衣食住に不自由せず暮らしていけることに感謝とお礼を申し上げます。

生きていく上で、苦が全くない人生なんてありえないけど、その苦があったから、いま〝結果オーライやん！〟って言えるようになりました。

実印、銀行員のご利益も私や娘にてきめんにあらわれています。

Jさん

## ■幸せを運ぶ猫ちゃん…体験談2

みなさん、素敵な体験談を寄せてくださってありがとうございます。

同じ場所、時間に生まれている人でも、運名が違うのは、大切な名前が違うから。

先天的には生まれた時間と場所。

後天的には名前なんですって。

そして何より、名前だけではなくて、目に見えない親切をしたり、誰にもわからないところでよいことをすると、すべて返ってくるんです。

最後に、私の不思議な体験を紹介しますね。

ある夜、仕事帰りに車で走っていると、目の前に白い猫ちゃんが車にひかれて横たわっていました。車はビュンビュン走っていて、今にもまたひかれてしまいそう……。そういう時って、私、周りが見えなくなるんです。車から飛び降りて助けに走っていたんです。

白い猫ちゃん、息がハアハアしていてつらそう。出血はほとんどしていなくて、足をバタンバタンと回転させて歩こうとしているみたいだけど、歩けない。安全な場所に移動して、病院に電話して、連れて行こうと車のドアを開けて振り向いたら猫ちゃんがいない！　もしかして歩いて行ってしまったかな？

胸騒ぎがして周りを探していると、ほそくて深いみぞの中にうっすら白い姿が…。泣きながらみぞに入ろうとしても入れない。無意識のうちに警察に電話していたんです。すると3人の警察官がすぐに来てくれた。みぞに入ってくれて抱えあげて私に渡してくれた。…でも、動かない。呼吸もなく、すでに亡くなっていた…。

優しい警察官の方に連れて行かれた猫ちゃん。

とても悲しかったけど、翌月、よく似た白い猫ちゃん〝ひなちゃん〟をお客様から譲ってもらった。〝生まれ変わりかな!!〟と思った。お腹に♡ハートのマークがある子なんです。

その後、ヒガシさんから〝ひなちゃん〟をもらって、とても仲良しに暮らしています。

天使の羽をもつくうちゃん

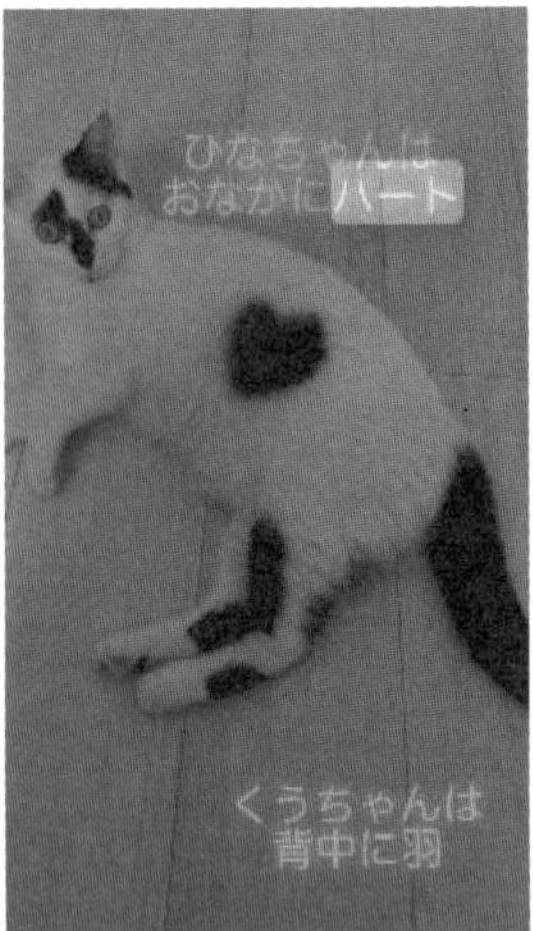
ひなちゃんは
おなかにハート
くうちゃんは
背中に羽

ひなちゃん

くうちゃん

## おわりに

皆様のご協力のおかげをもちまして、本を出版することができました。
とても感謝しています。
お店をはじめて10年間。自分で実践してきたことを書かせていただきました。
読み返してみて、
〝早速やってみよう！〟と思うことがたくさんあります。
皆様も思いつくことから実践してみてください。

執筆にあたって、多大なご協力、応援をしてくださった皆様、ほんとうにありがとうございました。

２０２３年11月８日

Michiko

著者プロフィール

Michiko

アイ♥ユーストーン店長

地元の今里の商店街を盛り上げたい想いでお店をつくる。
看護師をしていた頃から
不思議体験が多く、目に見えないものも信じて石に護られている。
自身も病気から見事に回復。
余命宣告受けた母も回復。
厳選された天然石に浄化力を込めて
貴方だけの
世界に一つだけのぴったり
オーダーブレスを作成しているため
全国から
不思議な願い石オーダーブレスレットを作成にきてくれる
メンバー様が多いので現在は予約制です。
イベント活動も多数。

幸せに生きる…
# 魔法の浄化法 888

2023年11月8日　第1刷発行
著　者――――Michiko
発　行――――アートヴィレッジ
〒663-8002　西宮市一里山町5-8・502
TEL 050-3699-4954　FAX 050-3737-4954
Mail：a.ochi@pm.me


定価はカバーに表示してあります。